Interkulturalität in der Kinder- und Jugendliteratur

Möglichkeiten und Grenzen des
interkulturellen Dialogs

von

Philumena Reiser

Tectum Verlag
Marburg 2006

Reiser, Philumena:
Interkulturalität in der Kinder- und Jugendliteratur.
Möglichkeiten und Grenzen des interkulturellen Dialogs.
/ von Philumena Reiser
- Marburg : Tectum Verlag, 2006
ISBN 978-3-8288-8953-8

© Tectum Verlag

Umschlagabbildung:
August Xaver Karl von Pettenkofen: Zigeunerkinder (1855).

Tectum Verlag
Marburg 2006

*Dieses Buch ist in Erinnerung an die langjährige spirituelle
Begleitung durch Pater Willigis Jäger OSB
ihm, Professor Michael von Brück (München)
und Professor Reinhard Neudecker SJ (Rom) gewidmet.*

Vorwort

Die Studien zur bewussteren Reflexion des Phänomens Interkulturalität in der Literatur wurden durch Vorlesungen und Seminare aus unterschiedlichen Fachrichtungen wie in Germanistik, Ethik, Philosophie, Theologie, Religionswissenschaft, Soziologie, Politikwissenschaften, Psychologie und Pädagogik initiiert. Sie alle boten fachspezifisches Wissen zum Phänomen Kultur und interkulturellen Dialog an. Es ergab sich folgendes Faktum: Interkulturalität erweicht und durchbricht Grenzziehungen zwischen Wissenschaften, baut Brücken zwischen spezifisch ausgerichtetem kulturell engem oder weitem Denken und besitzt die Macht, destruktiv oder/ und konstruktiv auf die diversen kulturellen Lebenssphären einzuwirken.
Das angestrebte Ziel das Phänomen Interkulturalität in der Literatur wissenschaftlich auf allen momentan aktuellen Ebenen zu erhellen, zu definieren etc. erwies sich als sehr bzw. zu umfangreich.

Das Buch stellt demzufolge einen Rahmen dar, das Phänomen Kultur und interkultureller Dialog in der Literatur unter besonderer Berücksichtigung der Kinder- und Jugendliteratur in verschiedenen wissenschaftlichen Diskursen ethisch zu begreifen, indem es zuerst Wissen zum Phänomen Kultur und Dialog der Kulturen allgemein bereit- und darstellt, dieses historisch reflektiert und abschließend durch konkrete Beispiele in der Literatur vertieft.

Die einzelnen Themenkreise eindeutig nach den jeweiligen Wissenschaftszweigen geordnet werden vorgestellt und in Abgrenzung zu anderen Wissenschaftsbereichen markiert. Der Begriff Kultur in der Politik ist z.B. nicht kongruent mit der Vorstellung von Kultur in Pädagogik oder in der Ethnologie, so dass ein literarisches Werk mit Ausrichtung Ausländerintegration das Phänomen Interkulturalität literarisch anders in Szene setzt als ein Dritte-Welt-Buch, das seine eigene Kultur vorstellt. Aufgrund dieser und noch weiteren diversen Varianten in der Darstellung von Interkulturalität wird auch der interkulturelle Dialog in der Literatur meist nur ausschnittweise auf ein Problem oder Ziel hin fixiert meist jedoch rein subjektiv beliebig nach der Imagination oder Bildung des Autors / der Autorin literarisch inszeniert. Die Kluft zwischen subjektiver Darstellung von Interkulturalität durch den Autor bzw. die Autorin und objektivem reflektiertem Zugang wird in den Ausführungen deutlich werden und soll zum Nachdenken anregen.
Beispiel: Wo liegt die Grenze zwischen zu subjektiver irrealer Darstellung von Interkulturalität und dem zu wissenschaftlich aufgeladenem dargestellten Problem einer sozialen Integration?

Es werden keine abgeschlossenen vorgefertigten Lösungen zum Phänomen der Interkulturalität in der Literatur präsentiert, die den Geist der Lesenden einengen können. Vielmehr werden auch Problembereiche aus der angewandten Medienethik, der Leseerziehung, der Friedenspädagogik und der Kulturethik miteinbezogen und erörtert wie es z.B. die Ausführungen zur Menschenrechtsdebatte demonstrieren.

Die einzelnen Studien sind in ihren Ergebnissen nicht absolut zu sehen, sondern sollen zum Nachdenken, zur tieferen Eigenreflexion, zur Kritik an den zu subjektiv ausgerichteten literarischen Werken, teilweise zu sehr mit Erwachsenenproblematik beladen, und zu weiterführenden ethischen Studien anregen.

Augsburg im Oktober 2005

Philumena Reiser

INHALT

0. EINLEITUNG **13**

I. DER PÄDAGOGISCHE KONTEXT **21**

I.1. Die interkulturelle Kompetenz **21**

I.2. Die Schlüsselkompetenz Lesen **29**
    I.2.1. Der Stellenwert des Lesens in der heutigen Medienlandschaft.....29
    I.2.2. Lesen, ein aktiver Prozess.........39

II. ZWEI KLASSISCHE FREMDHEITSBILDER IN DER LITERATUR **41**

II.1. Der Heide und der Christ **43**

II.2. Der Topos des edlen Wilden **45**

III. INTERKULTURALITÄT IN DER KINDER- UND JUGENDLITERATUR **55**

III.1. Ausgangsbedingungen **55**
    III.1.1. Die heutige Kinder- und Jugendliteratur als besondere Variante der Erwachsenenliteratur.........55
    III.1.2. Rassistische Strukturen.........60

III. 2. Der aktuelle Forschungsstand **61**

IV. DIE AUßERLITERARISCHEN HERKUNFTSDISKURSE: DER BEGRIFF KULTUR IM SPANNUNGSFELD SEINER DEUTUNGSMUSTER UND SEINE AUSWIRKUNGEN AUF DIE AUTOREN **67**

IV.1. Das pädagogische Verständnis **70**
    IV.1.1. Interkulturalität anhand der Gleichberechtigung der Kulturen.......70
    IV.1.2. Der kulturelle Dialog aufgrund der hierarchischen Stellung der Kulturen zueinander.........72
    IV.1.3. Ein pädagogischer Sonderfall.........75

IV.2. Die ethnologische Verständnisebene **77**

IV.3. Die drei Grundpositionen der politisch - historischen
Verständnisebene 86
   IV.3.1. Der Überlegenheitsstatus 92
   IV.3.2. Krieg, ein literarisches Thema für den interkulturellen
         Dialog in der Literatur ? 96
   IV.3.3. Der Kommunikationsfaktor Frieden 102

IV.4. Die soziologische Verständnisebene 106

V. SCHLUSSREFLEXION 115

ENDNOTEN 121

LISTE DER GENANNTEN KINDER -, JUGEND – UND
ERWACHSENENLITERATUR 127

BENUTZTE FORSCHUNGSLITERATUR 129

"Denn nur aus dem Erlebnis oder der Erkenntnis, daß wir nicht nur Teile eines Ganzen sind, sondern daß jedes Individuum das Ganze zur Basis hat und ein bewußter Ausdruck des Ganzen ist, erwachen wir zur Wirklichkeit, zur Erlösung, während das unerlöste Individuum , einem Träumenden vergleichbar sich immer tiefer in das Netz seiner Wahn-Vorstellungen verstrickt."

(aus "Grundlagen tibetischer Mystik" von Lama Govinda Anagarika, S.86)

0. Einleitung

" Sag NEIN!
Du, Mann auf dem Dorf und Mann
in der Stadt. Wenn sie morgen kommen und
dir den Gestellungsbefehl bringen,
dann gibt es nur eins:
  Sag NEIN!
Du, Mutter in der Normandie und Mutter
in der Ukraine, du, Mutter in Frisko und
London, du, am Houngho und am Mississippi,
Du, Mutter in Neapel und Hamburg und
Kairo und Oslo - Mutter in allen Erdteilen,
Mutter in der Welt, wenn sie morgen befehlen,
ihr sollt Kinder gebären, Krankenschwestern
für Kriegslazarette und neue Soldaten
für neue Schlachten, Mütter in der Welt, dann gibt es nur eins:
  Sagt NEIN! Mütter, sagt NEIN! "
(zit. nach Tondern Harald, der Einsatz, stell dir vor, es ist Krieg und du musst hin, S. 134)

Dieses Gedicht von Wolfgang Borchert, das Tondern in seinem Jugendroman zitiert, kennzeichnet treffend den Weg, den das Phänomen Interkulturalität in den letzten Jahren eingeschlagen hat, und markiert die ethische Dimension, die der Interkulturalität weltweit zugrundegelegt wird: Der Erhalt des Weltfriedens. Interkulturalität, ein Begriff, der im festen allgemeinen Sprachgebrauch jede Art von Interaktionen zwischen Kulturen bezeichnet, wird in der Kinder- und Jugendliteraturforschung nicht in diesem weitgefassten Bedeutungsspektrum herangezogen. Vielmehr wird der Begriff der Interkulturalität in der modernen Kinder- und Jugendliteraturforschung sehr unterschiedlich bewertet, reflektiert und beliebig gedeutet. Die meisten Definitionen lassen erkennen, dass man mit diesem Begriff sehr subjektiv und eindimensional verfährt, d.h., dass aus dem weitgefassten Bedeutungsspektrum ein Definitionskriterium herausgefiltert und der Begriff Interkulturalität nur auf dieses bezogen wird, wie nachfolgende Beispiele treffend demonstrieren werden.

Beispiel 1.
" Interkulturalität bezieht sich zunächst auf die Einbeziehung von außereuropäischer Kinder- und Jugendliteratur, von Migrations- und anderer Kinder- und Jugendliteratur, die wandert. Dabei zeigt die Einbe-ziehung von Rezeptionserfahrungen, dass auch interkulturell produzierte Texte mehrfach adressiert sind. ....Interkulturalität bezieht sich aber auch auf die Reflexion von Globalisierung und Europäisierung in der Literatur, ihrer Rezeption und Vermittlung, die außerdem in der Perspektive auf eine multiethnische Schülerschaft zu gestalten ist. Dennoch versteht sich meine Didaktik nicht als eine für bestimmte ethnische Gruppen, sondern als eine, die bestimmte Aspekte der Globalisierung (z.B. Rassismus, Eurozentris-smus, Kulturzentrismus, Linguizismus und Dominanzkultur) aufgreift und mit multiethnischen Gruppen bearbeitet, d.h. Minderheitenpositionen darstellt, Multiperspektivität anstrebt und Perspektivenwechsel anregt."
(zit. nach Rösch Heidi, Entschlüsselungsversuche, S. 289 f).

Diese Definition ist nicht unproblematisch. Wie ist der Terminus außereuropäisch zu verstehen? Gilt demzufolge die Literatur über z.B. eine italienische, spanische, polnische Lebenswelt nicht als interkulturell, obwohl sie sich von der deutschen Kultur erheblich unterscheidet und auch hier noch alte Vorurteile gegenüber diesen Kulturen in der Literatur und Gastarbeiterprobleme bestehen, die dringend erhellend aufgedeckt werden müssen? Rösch grenzt den Begriff der Interkulturalität nur auf die Außenperspektive des kulturellen Dialogs von Europa zu nicht-europäischen Kulturen und die Migrationsliteratur ein und bestimmt die Interkulturalität als Teilgebiet der Multikulturalität, die in ihren Themen die aktuellen Probleme der Ausländerpädagogik wie Migration, Integration, Rassismus und Eurozentrismus aufgreift. Von Anfang an werden dem interkulturellen Dialog in der Literatur enge Grenzen gesetzt, die keine Möglichkeiten einer globalisierenden Darstellung interkultureller Probleme zulässt.

Beispiel 2.
" In einigen Buchhandlungen findet sich eine Abteilung "Interkulturelles", die in vielen Fällen sehr unterschiedliche Kinder- und Jugendbücher enthält: Neben Kinder- und Jugendbüchern über eingewanderte Kinder und Jugendliche in Deutschland findet man dort oft vor allem Bücher zur sog.

Dritten Welt, aber auch Bücher über Reisen in andere Länder oder auch Bücher aus anderen Ländern. Auch Literatur zum Nationalsozialismus findet sich in diesen Abteilungen.......Diese Mischung unterschiedlicher Themen unter dem Begriff "interkultureller Kinder- und Jugendliteratur" findet sich auch in der Sekundärliteratur. So werden in den Beiträgen von Hurrelmann / Richter (1998) unter dem Titel " Das Fremde in der Kinder- und Jugendliteratur. Interkulturelle Perspektiven" in erster Linie Werke aus dem europäischen wie außereuropäischen Ausland als Bestandteil deutschsprachiger Kinder- und Jugendliteratur untersucht. "Interkulturell" bedeutet hier in erster Linie das, was in anderen Ländern ist. Dieses internationale Verständnis von interkultureller Kinder- und Jugendliteratur findet sich auch bei Ewers / Lehnert / O`Sullivan (1994). Baumgärtner behandelt unter den Thema "Interkulturelle Bildung durch Kinder- und Jugendliteratur" Übersetzungen aus romanischen Sprachen ..Demgegenüber möchten wir von einer engeren Bestimmung des Interkulturellen ausgehen, indem wir uns auf die Mehrsprachigkeit und Mehrkulturalität in Deutschland beziehen. Damit unterscheiden wir eine interkulturelle Binnenperspektive von einer eher internationalen Außenperspektive...Unter interkultureller Kinder- und Jugendliteratur verstehen wir im folgenden Literatur für Kinder und Jugendliche, die in der mehrsprachigen und interkulturellen Gesellschaft der Bundesrepublik spielt bzw. in einem vergleichbaren Kontext in einem anderen Land. "
(zit. nach Luchtenberg Sigrid, interkulturelle Kinder- und Jugendliteratur, S. 60 ff).

Auch diese Definition ist nicht unproblematisch. Warum grenzt Luchtenberg internationale kulturelle Perspektiven aus? Für sie entsteht der Aspekt der Interkulturalität aus dem Umgang mit Multikulturalität innerhalb einer Kultur ausgehend von dieser aufgrund von Einwanderung und der daraus resultierenden Vielfalt nebeneinander existierender fremder Lebensformen. Diese ethnozentrierte Betrachtungsweise grenzt den interkulturellen Dialog nur auf die interkulturelle Binnenperspektive aus deutscher Sicht ein und negiert Themenkreise, die Interkulturalität auf internationaler Ebene erzeugen. Möglichkeiten einer umfassenden Darstellung von echter Interkulturalität auf internationaler Ebene werden ausgegrenzt und der interkulturelle Dialog in der Literatur wird auf eine bestimmte Auswahl von vorgegebenen aktuellen Themenkreisen aus der deutschen modernen Ausländerpädagogik beschnitten. Es fehlt der Aspekt der Multiperspektivität. Interkulturalität erfährt z.B. ein türkisches, deutsches, ungarisches Kind in Deutschland wie in der USA. Doch sollte betont werden, dass die verschiedenen Kulturkreise Interkulturalität anders leben. Demzufolge kristallisiert sich sicherlich eine extrem deutsche oder amerikanische Sicht zum Phänomen interkultureller Dialog heraus, aber Interkulturalität an sich umfasst sämtliche spezielle interkulturelle Lebenswelten.

Beispiel 3.
Weinkauff verwendet den Begriff der Interkulturalität in der Kinder- und Jugendliteratur nicht, sondern leitet den Begriff der Multikulturalität aus dem interkulturellen Austausch ab, der Durchmischung von Kulturen und Migrationswellen zur Folge hat. Sie wählt demzufolge einen genau entgegengesetzten Ansatz wie Rösch und Luchtenberg, die Interkulturalität aus dem Phänomen der Multikulturalität bestimmen. Die Definition von Multikulturalität in der Literatur von Weinkauff enthält gleiche und ähnliche Elemente, die von Rösch und Luchtenberg für ihre Bestimmung von Interkulturalität in der Kinder- und Jugendliteratur benutzt wurden. Weinkauff schreibt:

" Bei der Beschäftigung mit "Multikulturalität als Thema der Kinder- und Jugendliteratur" liegt es nahe, vom umgangssprachlichen Gebrauch des Begriffs auszugehen. Es geht also nicht so sehr um die aus dem interkulturellen Austausch entstandenen heterogenen Elemente innerhalb der deutschsprachigen Kinder- und Jugendliteratur als vielmehr um kinder- und jugendliterarische Fiktionalisierung von Sachverhalten, Einstellungen und Deutungsmustern im Zusammenhang mit dem Programmwort Multikulturalität.
"Multikulturalität" im umgangssprachlichen Sinn meint den in den 30-40 Jahren ....entstandenen Zustand der Durchmischung nationaler Bevölkerungen mit Menschen verschiedener Herkunft.......Ein weiteres Implikat des Begriffs ist das Bewusstsein von der globalen Reichweite der „Multikulturalität" erst bewirkenden Migrationsprozesse und von ihrer historischen Notwendigkeit.(...)
Das Thema "Multikulturalität" entstammt ....dem Kontext des Tagesjournalismus und der aktuellen politischen Publizistik, und als Ort seiner kinder- und jugendliterarischen Fiktionalisierungen fungiert das „problemorientierte Kinder- bzw. Jugendbuch". Diese Zuschreibungen aus der

Jugendliteraturszene der 70er Jahre aufgreifende Begriff soll keineswegs ein etwaiges neues Genre bezeichnen, er bezieht sich nicht auf die poetische Struktur sondern auf die kommunikative Funktion der Texte. "Problembücher" sind narrative jugendliterarische Texte, die .... als Beiträge zu einem aktuellen gesellschaftlichen Problem präsentiert werden."
(zit. nach Weinkauff Gina, Multikulturalität als Thema, S. 766 ff)

Neben Problembüchern, die meist Gastarbeiterprobleme miteinbezogen die Probleme der ausländischen Jugendlichen der zweiten und dritten Gastarbeitergeneration thematisieren, zählt Weinkauff auch die Migrantenliteratur zur Multikulturalität. Sie versteht darunter das,
" was auf dem literarischen Markt unter diesem Etikett behandelt wird."
(zit. nach Weinkauff Gina, Multikulturalität, S. 775)
Die Themenkreise, die Weinkauff für den multikulturellen Einbezug in der Kinder- und Jugendliteratur nennt und ebenfalls aus den modernen aktuellen Aufgabenbereichen der Ausländerpädagogik stammen, sind identisch mit den Themenkreisen der interkulturell ausgerichteten Literatur, die Rösch und Luchtenberg vorschweben. Weinkauff versteht die aktuelle Multikulturalität wie Luchtenberg Interkulturalität als ein modernes Phänomen innerhalb einer Kultur, das aufgrund der Kulturvielfalt und den nach sich ziehenden Migrationswellen entstanden ist. Die Gefahr einer ethnozentrischen Betrachtungsweise und Einengung zeichnet sich auch bei Weinkauff ab.

Diese drei Beispiele machen deutlich, dass in der wissenschaftlichen Reflexion kein Konsens über den Gebrauch der Begriffe Multi- und Interkulturalität herrscht, dass beide Begriffe nicht streng voneinander abgegrenzt sind, sie teilweise synonym benutzt werden und sie nur ein modernes Zeitphänomen deklarieren sollen und mit ethnozentrischen Denken aufgeladen sind. Der Begriff der Interkulturalität wird beliebig und subjektiv für aktuelle Themenkreise eingesetzt, die den interkulturellen Dialog innerhalb der Kultur bzw. auf internationaler Ebene betreffen und den Aufgabenbereichen der aktuellen Ausländerpädagogik entstammen. Diese Bestimmung von Interkulturalität kann aufgrund seiner Unklarheit und Beliebigkeit dieser Arbeit nicht zugrunde gelegt werden. Stattdessen wird der Ansatz des Schweizers Soziologen Hagenbüchle, der sich auf Hannah Arendt, Max Weber und Bernhard Waldenfels bezieht, als Basiserklärung dafür, was den modernen offenen interkulturellen Dialog anregt und seine Physiognomie bestimmt, herangezogen. Er schreibt:

" Kritisches Alltagsdenken lässt sich bestimmen als "bifokales Denken", d.h. als Fähigkeit - und Bereitschaft - zum Perspektivenwechsel. Die Respektierung der Pluralität kultureller Differenzen und der damit verbundenen unterschiedlichen menschlichen Sichtweisen ist für ein fruchtbares Zusammenleben unerlässlich (worauf neben Hannah Arendt neuerdings auch Martha Nussbaum besteht) Hannah Arendt spricht in diesem Zusammenhang (mit Rückgriff auf Kant) von "enlarged mentality". Damit meint sie die Fähigkeit, " so think in the place of everybody else" und "to anticipate communication with others with whom one knows one must come to some agreements". "Bifokales Denken" zu praktizieren ist für eine vielkulturelle Gesellschaft geradezu eine Überlebensfrage. "
(zit. nach Hagenbüchle Roland, von der Multi-kulturalität, S. 103)

Für Hagenbüchle ist die Auseinandersetzung mit fremden Kulturen eine notwendige Folge der Kulturvielfalt innerhalb einer Gesellschaft und ein Überlebenstraining der Kulturen während des interkulturellen Dialogs. Von diesem Ansatz ausgehend ergeben sich für die Interkulturalität in der Kinder- und Jugendliteratur folgende Konsequenzen, die dieser Arbeit zugrundegelegt werden.

Erstens. Interkulturalität in der Literatur basiert auf der Fähigkeit des Praktizierens des "bifokalen Denkens " im Alltag, ist ein Ausfluss dieser Fähigkeit und impliziert Perspektivenwechsel. Geht man von diesem allgemeinen Ansatz aus, werden im interkulturellen Dialog Interaktionen zwischen Kulturen, die in Binnen- und internationaler Perspektive erfolgen können und das Alltagsdenken beschäftigen, thematisiert. Die Themen können demzufolge breit gefächert ausfallen und die ganze Spannbreite zwischen wissenschaftlicher Reflexion und profanem Alltag miteinbeziehen. Da das Alltagsdenken durch die Medien beeinflusst wird, sind für den interkulturellen Dialog auch die Themen präsent und relevant, die in den Medien publiziert werden. Die Fähigkeit des Praktizierens des bifokalen Denkens erzeugt den interkulturellen Dialog, steuert ihn mit Hilfe der momentan vorherrschenden Trends im Alltagsdenken und den wissenschaftlichen Diskursen und kann durch Medien wie z.B. durch Literatur neu initiiert, beeinflusst und von Banalität, Trivialität und Subjektivität befreit werden, indem Themen aus wissenschaftlichen Disziplinen in die Literatur und das Alltagsdenken miteinfließen. Interkulturelle Aspekte in der Literatur werden aufgrund dessen nicht ausschließlich auf Problemkreise aus der aktuellen Ausländerpädagogik bezogen, sondern es werden andere außerliterarische Diskurse aus den wissenschaftlichen Disziplinen wie Kulturpädagogik, Ethnologie, Politologie und Soziologie neben der Alltagsproblematik u. v. m. relevant und miteinbezogen, die in der Kinder- und Jugendliteratur als Thema fungieren können.

Zweitens: Im Umfeld der wissenschaftlichen Disziplinen lässt sich ein Bildungs-, Werte- und Zielkanon für die interkulturell ausgerichtete Kinder- und Jugendliteratur ableiten, der für den modern ausgerichteten ethischen Umgang mit fremden Kulturen erforderlich ist und auf das Alltagsdenken Einfluss nehmen soll. Es zeigt sich eine gegenseitige Abhängigkeit von Alltagsdenken, Medienlandschaft und wissenschaftlichen Diskursen im interkulturellen Dialog, die sich sehr fruchtbar auswirken kann.

Drittens. Ferner wird Interkulturalität in der Literatur in dieser Arbeit nicht als modernes Zeitphänomen betrachtet, das erst in den letzten 40 Jahren Eingang in die Literatur gefunden hat, sondern als traditioneller Aufgabenbereich der Jugendliteratur, der schön früher die Darstellung kulturspezifischen Wissens und die Verbreitung von Bildern anderer Lebenswelten initiiert hat, weil die Vielfalt der Kulturen ein typisches Phänomen der Menschheit ist und nicht erst seit 40 Jahren existiert.

Im Abschnitt I soll der pädagogische Kontext erörtert werden, der einen bestimmten Aufgaben- ‚Werte- und Zielkanon für Interkulturalität bedingt,

Im Abschnitt II werden zwei klassische Fremdheitsbilder vorgestellt, die zeitspezifisch auftraten, in der modernen Literatur nicht mehr berücksichtigt werden, aber dennoch in Klassikern weiterleben.

Abschnitt III beschäftigt sich mit den Ausgangsbedingungen der interkulturellen Kinder- und Jugendliteratur und zeigt den aktuellen Forschungsstand auf.

Abschnitt IV wendet sich außerliterarischen wissenschaftlichen Disziplinen zu, die mit ihren Themenkreisen auf den interkulturellen Dialog in der Literatur einwirken.

In der Schlussreflexion, Abschnitt V, werden die wichtigsten Ergebnisse im Vergleich mit Weinkauff zusammengefasst. Im Anschluss daran wird auf ein grundlegendes wichtiges Aufgabenfeld der Interkulturalität hingewiesen, das bisher in der Forschung wenig Beachtung gefunden hat.

I. Der pädagogische Kontext

I.1. Die interkulturelle Kompetenz

Um sich der Fragestellung zu nähern, die den Werte-, Aufgaben- und Zielkanon der Interkulturalität in der Gesellschaft und Literatur betrifft, wird der Ausgang in Erinnerung an bedeutende Hochkulturen gewählt, die sich durch Mischkulturalität auszeichneten. Die Bereitschaft fremdes Kulturgut in sich zu integrieren kennzeichnete die Physiognomie und den Fortschritt dieser Kulturen in charakteristischer Weise so, dass eine rigorose Abgeschlossenheit von Kulturen nirgendwo auffindbar war. Die Kulturen zeigten sich offen, dynamisch und keineswegs frigide. (1). Die antike griechische Hochkultur ist ohne die Übernahme der Schrift aus Phönizien, des Wissens aus Arabien und den Einfluss Ägyptens nicht denkbar.(2). Auch national übergreifende Kulturkreise haben schon immer existiert. Der Hellenismus, der Überbegriff für die griechisch - römische Welt, war ein solcher übernationaler Kreis. Diese Kulturkreise waren geographisch begrenzt. Globale Kulturstrukturen, die länderübergreifend herrschen, lokal nicht eingrenzbar sind, kennt man nur als ein Phänomen der Neuzeit. Sie entwickelten sich im 20. Jahrhundert und wurden unter dem Begriff Multikulturalität oder Postmoderne zusammengefasst.

Das Wort Multikulturalität stammt aus der politisch-sozialen Sprache und nimmt Bezug auf moderne Gesellschaften, die Menschen unterschiedlicher Sprache, Traditionen, Religionen, Wertvorstellungen, Erziehung und Lebensstile - es werden genau die Faktoren genannt, die eine Nation als einheitliches System charakterisieren - in sich beherbergen. (3). Postmoderne ist ein zentraler und allgemein bekannter Begriff aus der Kulturtheorie, der sich seit den 60-er Jahren für Wandlungen und Umbrüche vor allem in der Architektur eingebürgert hat. Dieser Terminus stellt die pluralistische Gesellschaft wie ein architektonisches Gebilde aus verschiedenen kulturellen Nationen gebaut in den Mittelpunkt. Kulturen stehen Seite an Seite, die nicht mehr wie bei den Griechen durch Begriffe wie Grieche und Barbar hierarchisch klassifiziert werden, sondern emanzipiert auf ihren gleichrangigen Stellenwert gegenüber anderen Kulturen pochen. Dieser Drang nach Eigenständigkeit schuf und erzeugt weiterhin für die Politik und vor allem für die Pädagogik neue Aufgabenfelder, die sich zu Unterdisziplinen und neuen Teilrichtungen innerhalb der Pädagogik formierten wie Ausländer-, Migranten- , multi- und interkulturelle Pädagogik, interkulturelle Didaktik und Kulturpädagogik. In den 80-er Jahren zeichnete sich eine Bewegung in der Pädagogik ab, die statt einer multikulturellen Pädagogik verbunden mit einer spezifischen Didaktik eine interkulturelle forderte. Die Frage nun, ob Interkulturalität, die im allgemeinen Sprachgebrauch Interaktionen zwischen den Kulturen mit Ziel einer gemeinsamen Übereinstimmung und die daraus resultierenden Aufgaben- und Problemkreise bezeichnet, neben Multikulturalität, ein Begriff, der generell für Kulturvielfalt innerhalb einer Kultur und den daraus entstehenden Konfliktbereichen steht, gleichwertig innerhalb der Kulturbewegung existieren kann, sie einschließt, umgreift oder als Antipol fungiert, gehört zu den großen Streitpunkten in der Wissenschaft.

Löst Interkulturalität die Multikulturalität ab oder können beide gleichzeitig sein? Die Heftigkeit dieser Debatte basiert auf der Annahme, dass Interkulturalität das Phänomen der Multikulturalität durchbricht, alle Schichten der Menschheit erfasst, die Kulturen gegenseitig öffnet, und demzufolge das notwendige Innovativum im interkulturellen Dialog darstellt.

Nach dem Ansatz von Hagenbüchle erscheint diese wissenschaftliche Debatte in der kulturellen Pädagogik als Scheindebatte, weil aufgrund der Fähigkeit des bifokalen Denkens Interkulturalität durch die Multikulturalität vorgegeben ist. Das eine gesellschaftliche Phänomen bedingt das andere. Beide kulturellen Phänomene, Inter- und Multikulturalität, können nur als gemeinsames Paar in Erscheinung treten. Trotzdem erscheint die Abgrenzung der multikulturellen Sichtweise, die die Kulturen nebeneinander bestehen lässt ohne intensive kulturelle Kommunikation ,- jede Kultur beharrt auf sich-, zu der interkulturellen Sichtweise wichtig, da in der wissenschaftlichen Reflexion jedem Phänomen andere Problem- und Aufgabenkreise zugrunde liegen und zugewiesen werden. Dass diese Abgrenzung kaum vollzogen wird, zeigten die Ausführungen zu Rösch, Weinkauff und Luchtenberg in der Einleitung.

In der Bestimmung der Interkulturalität divergieren die Ansichten der Wissenschaftler, da die Bestimmung der Silbe "inter" Probleme aufwirft. Soll "inter" bedeuten, dass eine vermittelnde Brückenfunktion zu den Kulturen in der Welt auf Basis einer unüberwindbaren Differenz zwischen den Kul-

turen anzustreben ist oder verweist die Silbe auf den zu ermittelnden Konsens zwischen den Kulturen auf der Basis einer bereits existierenden gemeinsamen Wurzel aller Kulturen? Eine dritte Übersetzungsvariante findet sich darin, dass die Erziehung in allen Kulturen auf ein gemeinsames Fundament hin ausgerichtet werden soll.(5). Festzuhalten ist, dass die interkulturelle Sichtweise eine Kommunikation zwischen den Kulturen hervorheben will aufgrund einer real existierenden gemeinsamen Basis.
So definiert sich z.B. die interkulturelle Pädagogik als eine Pädagogik

> *"zur internationalen Verständigung vor der eigenen Haustüre. Die Konfliktlinien verlaufen hier, vor Ort. Sie sind realer Natur und nicht nur auf der psychologischen Ebene von Vorurteilen abbildbar. Sie resultieren aus den Friktionen eines Lebens im fremden Land, aus den Konfrontationen ökonomischer, kultureller, politischer und religiöser Interessen und Bedürfnisse. Nur ein kleiner Teil kann mit pädagogischen Mitteln aufgegriffen werden...."*

(zit. nach Nyssen Elke, Perspektiven, S. 211 f).

Die interkulturelle Pädagogik ist eine Bewegung, die stets pädagogische, soziale und soziologische Problemfelder beim Individuum aufgrund notwendiger Kommunikation mit fremden Lebenswelten untersucht, bei der persönlichen Struktur des Individuums, die sich aufgrund seiner eigenen speziellen Kulturzugehörigkeit ausgebildet hat, ansetzt und aufgrund dessen personenbezogen ausgerichtet ist. Interkulturalität ist die Antwort auf die zunehmend ansteigende Ausrichtung des Interesses andere Kulturen zu erfahren, sie zu erleben und ihnen kommunikativ zu begegnen. Sie stellt ferner die Reaktion eines sich neu formierenden Bildungs- und Wissensbewusstseins dar.
In der Konsequenz dieser Entwicklung bemühen sich Pädagogen um die Ausarbeitung interkultureller Curricula und Didaktiken (6). Auch Literatur, die sich auf das Leben in fremden Kulturen bezieht, wird im Literaturunterricht verstärkt berücksichtigt.
Viele Wissenschaftler haben in der interkulturellen Pädagogik einen Paradigmenwechsel zu einer anti-rassistischen Pädagogik gesehen und die Entwicklung sehr positiv bewertet. Esslinger stellte in den 80-er Jahren Prinzipien zur interkulturellen Pädagogik, die er allerdings nicht mit anti-rassistischer, sondern mit Friedenspädagogik gleichsetzt, auf. Sie lauten:

> " 1) die Erziehung zur Empathie ("den anderen verstehen lernen")
> 2) die Erziehung zur Solidarität ("Gemeinschaftsbewusstsein entwickeln, das über die Grenzen von Gruppen, Staaten, Rassen hinwegreicht")
> 3) die Erziehung zum interkulturellen Respekt ("sich der fremden kulturellen Welt aussetzen und andere einladen, an unserer kulturellen Welt teilzuhaben")
> 4) die Erziehung gegen das Nationaldenken ("Offenheit zu und Kommunikation mit anderen Nationen") "

(zit. nach Nyssen Elke, Perspektiven, S. 215)

Hohmann und Nieke formulieren drei Grundziele, die dem Aussagegehalt der Esslingerschen Prinzipien sehr nahe stehen und nur allgemeiner gefasst sind. Sie lauten:

> " 1) die Begegnungen mit anderen Kulturen
> 2) die Beseitigung von Barrieren, die einer solchen Begegnung entgegenstehen
> 3) das Herbeiführen von kulturellem Austausch und kultureller Bereicherung"

(zit. nach Nyssen Elke, Perspektiven, S. 219).

Interkulturalität durchzieht Ebenen von Organisationen wie Schule, Unterricht, Universität und Alltag und fordert eine neue methodisch - didaktische Gestaltung interkultureller Erziehung. Diese Lebenswelten erzwingen Fähigkeiten, die in einem Lernzielkatalog für alle gleichermaßen gültig wie folgt zusammengefasst sind:

> " - die Fähigkeit zur interkulturellen Kommunikation
> - die Achtung interkultureller Vielfalt
> - die Einsicht in die eigene kulturelle Befangenheit
> - die Fähigkeit der kategorischen Annahme von Kulturen
> - die Fähigkeit der aktiven Teilhabe an deren Einrichtungen "

(zit. nach Nyssen Elke, Perspektiven, S. 219 ff).

Für den interkulturellen Dialog zeichnet sich eine Ausgangssituation ab, die zunehmend Fähigkeiten erfordert, die den Wissenshorizont erheblich erweitern und ein eingeschränktes Nationalbewusstsein nicht mehr zulassen. Es kristallisiert sich ein neues Leitbild der interkulturellen Bildung heraus, das gleichermaßen die bisherige Allgemein- wie Fachbildung durchbricht und umfasst. Diese neue Perspektive, die besonders die Kulturpädagogik für sich beansprucht, zeigt im Dialog und der kritischen Auseinandersetzung mit Kulturen immer wieder neue ethische und ästhetische Qualitäten in der anthropologischen Dimension der Bewertung von Kulturen, nämlich, dass die Kulturen von Menschenhand selbst geschaffen wurden, ihr bestimmtes kulturelles Erscheinungsbild auf das Denken, Wirken und die Entwicklung der Menschen Rückschlüsse zulässt und aufgrund dessen Kulturfähigkeit als ein anthropologisches Merkmal des Menschen gilt. Es bildet sich eine Art von interkultureller Kompetenz im Bildungsdenken heraus, die eine spezielle Form der kulturellen Kompetenz darstellt.(7).

Kulturelle Kompetenz, ein Fachterminus aus der Kulturpädagogik, der ohne weiteres aufgrund seiner Bedeutungsbreite auf dem gesamten Gebiet der pädagogischen Wissenschaft gültig ist, wird folgendermaßen definiert :

" Kulturelle Kompetenz in produktiven und rezeptiven Formen sowie in reflexiven und emotionalen Varianten zugunsten Sinnorientierung und Gestaltung eines gelingenden Lebens ist das Ziel der Kulturpädagogik. Sinnliche wie mediale, ästhetische Erfahrung und kreative Gestaltung insbesondere entsprechend je aktuellen künstlerischen und kulturellen Wandels zu ermöglichen, ist Aufgabe und Angebot der Kulturpädagogik im öffentlichen System von Bildung und Kinder- und Jugendförderung. Dies ist auch festgeschrieben seit Anfang der 90er Jahre als "Recht" der je nachwachsenden Generation in der internationalen UN-Kinderrechtskonvention."
(zit. nach Zacharias Wolfgang, Kulturpädagogik, S. 21).

Die Kulturpädagogik ist wissenschaftstheoretisch noch eine recht junge Wissenschaft, die sich erst noch positionieren und etablieren muss, obwohl die ersten Kulturpädagogen bereits um 1940 in Erscheinung traten.(8). Ihr höchstes Ziel, die kulturelle Kompetenz, ist gegen die Stagnierung alter überkommener Lernformen wie das stupide blinde Übernehmen alter Sinninhalte und Wertvorstellungen über Kulturen in der Gesellschaft und auf die Entwicklung ästhetischer formbildender Kräfte im Menschen wie

Kreativität, Dynamik und Erwerb von kulturell produktiven Fähigkeiten gerichtet. Ihr Adressat sind primär Kinder und Jugendliche besonders im außerschulischen Bereich, um sie auf die durch die bestehende Interkulturalität veränderte Lebenswelt vorzubereiten. Dies geschieht auf ganzheitlichem Sektor.

Die Kulturpädagogik realisiert ihr Ziel mit der Intention ein neues Bildungsleitbild der kulturellen Bildung zu kreieren, das nicht nur kognitiv erlernbar ist, sondern im Praxisfeld des kulturellen Lernens, der ästhetischen Erfahrung und künstlerischen Gestaltung anzutreffen ist, nämlich die kulturelle Kompetenz. Es spielen verstärkt sinnlich - materielle, geistig - ideelle, produktive und rezeptive, lokale und globale Dimensionen, die im Horizont von Kultur und Bildung angesiedelt sind, eine entscheidende Rolle. Die Lernprozesse sind nicht mehr auf rein deutsche Bildungsgüter fixiert, sondern wurden aufgrund des interkulturellen Anspruches im Sinne der kulturpädagogischen Zielsetzungen erweitert. Die kulturelle Kompetenz erscheint als das neue Leitbildungsziel und ist verantwortlich für den Erwerb und Ausbau der eigenen kulturellen Identität und das Erkennen von Kulturstrukturen fremder Lebenswelten.

Die interkulturelle Kompetenz, ein weiteres Ziel neuer kultureller Entwicklungen, die eine kulturelle Kompetenz voraussetzt, weil eine Kommunikation zwischen Kulturen erst erfolgen kann, wenn die Partner eine eigene Kulturidentität besitzen, ist demzufolge eine spezielle Fortführung der kulturellen Kompetenz und lässt sich aus den Zielsetzungen der interkulturellen Pädagogik, die schon an vorheriger Stelle nach Nyssen Elke zitiert wurden, ableiten. Diese wissenserweiternde Kompetenz wird im Gegensatz zur kulturellen Kompetenz ausschließlich im kognitivem Lernprozess erworben und ist für die human ausgerichtete Kommunikation zwischen verschiedenen Kulturen verantwortlich. Sie kann über Lesen und den Konsum anderer audio-visueller Medien wie auch gepflegte Alltagskommunikation ausgebildet werden. Erworben wird sie durch die Fähigkeit des bifokalen Denkes interkulturell kommunikativ werden zu können auf der Basis der Toleranz gegenüber anderen Kulturen und der Einsicht in die eigene kulturelle Beschränktheit aufgrund des Vermögens durch erworbenes Wissen andere Kulturen wie auch die eigene verstehen und an ihrem Austausch teilnehmen zu können. Sie dient dem zwischenmenschlichen interkulturell geführten Dialog. Sie ist nicht primär auf Kinder und Jugendliche fixiert, sondern spricht alle an. Interkulturelle Kompetenz erfasst bestimmte Ausschnitte, was Existenz und Problematik von Kulturen betrifft, sollte aber keineswegs unterschätzt werden, da sie auf die interkommunikativen Beziehungen der Kulturen ausgerichtet ist und dadurch einen eminent wichtigen Bereich der Begegnungen von Kulturen erfasst.

Die Fähigkeiten, die durch diese Kompetenz ausgebildet werden, sollen bereits von Beginn des Lesealters an durch Rezipieren von interkulturell ausgerichteten Bilderbüchern eingeübt und später auch durch weiteren Einbezug von audio-visuellen Medien wie Bücher, TV, Video u. a. bei den Lesenden mit Hilfe von Eltern, Erziehern, Lehrern oder Literaturpädagogen bewusst ausgebaut und geprüft werden. Dabei sollte nicht vergessen werden, den Kindern auch die eigene kulturelle Zugehörigkeit bewusst zu machen, um ihnen eine stabile Kulturidentität zu ermöglichen.

Gerade die Medienlandschaft erweist sich als optimaler Prüfstand. Die banale, triviale und degradierende Stilisierung einer Lebenswelt einer anderen Kultur in Büchern, Videos, Kinos und TV in der Spannbreite einer schauderhaften Diskriminierung bis zur paradiesähnlichen Garten - Eden - Manier kann aufgrund eigener Prüfung anhand der erworbenen interkulturellen und kulturellen Kompetenz entlarvt werden. Die Techniken einer defensiven, d.h. zur Verteidigung aufrufenden, und offensiven, d.h. zum Angriff reizende, Präsentation einer Kultur in den Medien müssen zugunsten eines ernsthaften kulturellen Dialogs primär durch die Ausbildung der interkulturellen und kulturellen Kompetenz bei den Konsumenten und vor allem bei den Produzenten entmachtet werden.

Die interkulturelle Kompetenz realisiert sich in einem Wertekatalog, dessen Ziel die tolerante, bewusste, würdevolle Auseinandersetzung mit allen existierenden Kulturen jeder Lebenswelt ohne Vorurteile und modischen oder traditionellen Trends zu sein hat, wie es verschiedene Modewellen wie z.B. der Arabismus im 11.Jahrhundert oder der Stil des "American way of life" der letzten Jahre bezeugen, die das Erscheinungsbild einer Kultur klischeehaft und verschwommen zeichnen. Nicht unterschätzt werden darf dabei der Einfluss und die Wirkung, die die Kinder- und Jugendliteratur auf das Bewusstsein der Kinder und Jugendlichen ausübt, die aus Interesse und Neugierde fremde Kulturen und Lebenswelten anhand von Lesen kennenlernen wollen, und die Basis für den ersten Erwerb von Werten in der interkulturellen Auseinandersetzung bilden kann.

Sekundär leider nur allzu oft negativ besetzt wirken Filme, Comics und Computerspiele auf das Bewusstsein der Jugendlichen ein. Die Jugendliteratur, die sich mit dem Thema der Interkulturalität befasst, trägt wesentlich zur Herausbildung der interkulturellen Kompetenz bei und sollte in ihrem Bedeutungsgehalt nicht negiert oder vernachlässigt werden, da der Einbezug einer fremden Lebenswelt positiv oder negativ aufgrund der Haltung des Autors besetzt sein kann.

I.2. Die Schlüsselkompetenz Lesen

I.2.1. Der Stellenwert des Lesens in der heutigen Medienlandschaft

> *"Lesen ist eine elementare Kulturtechnik und repräsentiert als sprachliche Kompetenz eine grundlegende Form des kommunikativen Umgangs mit der Welt"*

(zit. nach PISA-2000, S. 56).

Mit diesen Worten rechtfertigte PISA seine Untersuchungen zur Lesekompetenz und sieht im Lesen eine Voraussetzung für die Integration in das soziale Leben einer Kultur (10). Diese Einstellung zum Lesen entspricht der Auffassung, dass Lesen nachwievor als dritter Erziehungs- und Bildungsfaktor neben schulischer und familiärer Erziehung gilt. Lesen kann Wissen bereitstellen, das als Basis für den Zugang zur Welt und den Dialog der Kulturen genutzt werden kann. Es stellt vorläufige Kenntnisse bereit, um das Handeln und Wirken anderer Kulturen verstehen und beurteilen zu können ohne zum Mittel der Diskriminierung greifen zu müssen. Lesen hat trotz des Zeitcharakters der anderen audio-visuellen modischen Medien nicht an Attraktivität verloren.

Schön hat in seinem Aufsatz zur Entwicklung des Lesens sechs Thesen erarbeitet, die aus Aufzeichnungen von über 25 Jahre lang andauernden Studien erstellt worden sind und sich jedoch nur teilweise auf das Leseverhalten von Jugendlichen beziehen, primär auf das von Erwachsenen (11). Sie werden nun kurz zusammengefasst erörtert und kommentiert, da sich die PISA- Studie ausdrücklich auf diese Untersuchungen beruft und für ihre Vorstellung von Lesekompetenz streng genommen missbraucht. Denn es betrifft, wie es sich aus den Untersuchungsergebnissen ablesen lässt, primär Erwachsene.

> *These 1. Lesen bleibt eine Basisqualifikation auch für den Nutzen der anderen Medien*

Schön stellte fest, dass durch das Lesen eine Fähigkeit erworben wird, die sich bei der Nutzung von anderen Medien besonders des TV positiv auswirkt. Es trägt zur besseren Rezeption und Reflexion des Themas bei. Umgekehrt ist jedoch diese Wirkung nicht erzielbar. Schön beweist, dass ein kompetenter Umgang in der Medienlandschaft ohne die Basiskompetenz Lesen nicht möglich ist.

Kommentar: Schöns These lässt sich dahingehend als richtig belegen, dass z.B. genau nachgewiesen werden kann, dass nicht der Film über Harry Potter, sondern die Bücher eine derartige Faszination auslösten, dass Kinder und Jugendliche am Erscheinungstag des neuesten Bandes Schlange vor den Buchläden standen, weil sie es kaum erwarten konnten, das neue Buch zu kaufen und zu lesen. Die Filme über Harry Potter wurden später produziert, so dass die Bücher die Filmproduktion nach sich zogen. Ein Kinobesuch kann sich demzufolge so auswirken, dass die Leser genau das Geschehen im Film anhand der Bücher im Sinne einer positiven Filmkritik analysieren und bewerten können.

> *These 2: Das Lesen zur Information und zur beruflichen Qualifizierung gewinnt gegenüber dem Lesen von Belletristik noch mehr an Bedeutung*

Lesen als reine Freizeitaktivität des ästhetischen Genusses verliert nach Schön allmählich seine Bedeutung und wird ganz der Zweckorientiertheit des beruflichen und informativen Nutzens eines Buches untergeordnet.

Kommentar: Dieses Leseverhalten trifft primär nur auf Erwachsene oder ältere Jugendliche zu und kann demzufolge nicht als allgemeingültig angesehen werden, wie die nachfolgenden Thesen von Fährmann ebenfalls belegen werden. Es muss differenzierter als bei Schön analysiert werden.

> *These 3: Dieser Bedeutungsgewinn des Qualifizierungslesens entspricht dem Leseverhalten von Männern und nicht dem von Frauen*

Schön fand heraus, dass bei den Männern zugunsten des Qualifizierungslesens das Unterhaltungslesen abnahm. Bei den Frauen blieb beides auf dem gleichen Stand wie bisher. Das Unterhaltungslesen hat bei den weiblichen Lesern nicht an Attraktivität eingebüßt.

Kommentar: Diese These bezieht sich wiederum nur auf das Verhalten von Erwachsenen oder älteren Jugendlichen und kann für das Leseverhalten von Kindern und Jugendlichen nicht gelten.

These 4: Die Art des Lesens wandelt sich zu einer instrumentelleren Lesensweise

Schön stellte fest, dass die durchschnittliche Lesegeschwindigkeit gestiegen ist. Das Lesen erfolgt kursorischer. Die Konzentration liegt auf relevanten Textstellen, banale Passagen werden ausgelassen. Es ist ein Anstieg der Kompetenzen für operationales Lesen zu verzeichnen und zugleich ein Rückgang der Fähigkeiten für literarisches Lesen.

Kommentar: Dieses Leseverhalten ist wiederum charakteristisch für die Erwachsenenwelt und kann nicht auf die Leseerfahrungen der Kinder und Jugendlichen übertragen werden.

These 5: Lesen in der Freizeit, literarisches Lesen, verliert seine Prägung durch soziales Prestige

Schöns Untersuchungen zeigen, dass Lesen seine bildungsbürgerliche Aura und seinen Wert für die Ansprüche in der ästhetischen Bildung eingebüßt hat. Es vertiert nach und nach zu einer instrumentellen Tätigkeit und ordnet sich in den Bereich des Qualifikations- und Informationslesens ein. Bücher werden nach dem Informationsgehalt, den es für die fachliche Bildung hat, und dem sachlich verständlichen nüchternen Stil gekauft, bewertet und gelesen. Der rein literarisch ästhetische Bildungsanspruch, den der literarische Text an die Leser stellt, tritt zugunsten des funktionalen Anspruchs in der beruflichen fachlichen Weiterbildung zurück.

Kommentar: Auch diese Erkenntnis gilt primär für das Leseverhalten Erwachsener.

> *These 6: Lesen ist in der Mediennutzung allgemein eingebettet und geschieht komplementär mit der Nutzung anderer Medien*

Schöns Ergebnis zeigt, dass das Lesen eines Buches nicht mehr aus subjektivem Interesse an einem schöngeistigen Thema heraus motiviert ist, sondern meist auf dem objektspezifischen Interesse basiert, das durch die Nutzung anderer Medien gelenkt und bestimmt ist.

Kommentar: Auch diese These gilt nur bedingt für das Leseverhalten der Kinder und Jugendlichen.

Zusammenfassend kann man feststellen, dass trotz vager abzeichnender Tendenzen im Leseverhalten die Zukunft des Lesens in der Gesellschaft nicht gefährdet ist. Lesen stellt die Schlüsselqualifikation zum Umgang mit der Welt, wie sie sich gerade repräsentiert, dar. Das heutige veränderte Leseverhalten, das vor allem bei den Erwachsenen beobachtbar ist, wie es die sechs Thesen von Schön zeigen, die nur bedingt für das Verhalten der Kinder gelten, ist dahingehend positiv zu bewerten, dass das Lesen der Erwachsenen vorbildhaft auf das Leseverhalten der Kinder einwirken kann, indem die Kinder und Jugendliche zum Lesen animiert werden. Lesen bildet ein Fundament dafür, sich verschiedene Fähigkeiten wie spezielle Fachkompetenzen, Sprachkompetenzen u.a. auch die interkulturelle Kompetenz durch Lesen zu erwerben, was vor allem von Erwachsenen, weniger freiwillig von Kindern, genutzt wird. Im Bezug auf den Erwerb der interkulturellen Kompetenz leistet die Schlüsselkompetenz Lesen einen sehr wichtigen Beitrag. Die Ergebnisse von Schön, die wie aufgezeigt wurde, sich primär auf das Leseverhalten von Erwachsenen beziehen, bedürfen dringend einer Erweiterung und Ergänzung, um das momentane vorherrschende aktuelle Leseverhalten der Kinder und Jugendliche aufzuzeigen.

Eine Ergänzung findet sich bei Fährmann Willi, der in seinem Essay "Über die Kunst, Kindern und Jugendlichen (auch wenn es sein muss, sich selbst) das Lesen zur Freude zu machen" zehn Thesen zum Leseverhalten in der heutigen Zeit aufgrund von Befragungen, Untersuchungsergebnissen und eigenen Erfahrungen entwickelt hat, die kurz vorgestellt und kommentiert werden.(12). Fährmann ist auch aus diesem Grund interessant, weil er teilweise ein anderes Ergebnis wie Schön aufzeigt. Dies kann dadurch erklärt werden, dass Fährmann sich meist direkt auf das Leseverhalten der Kinder und Jugend bezieht ohne einen Umweg über das Verhalten der Erwachsenen zu wählen.

These 1: Viele Menschen glauben, es würde heute weniger gelesen als zu früheren Zeiten

Statistische Untersuchungen demonstrieren, dass noch nie so viele Bücher aufgrund ihres literarästhetischen Genusses gekauft und gelesen wurden wie in dieser von der Technik total beherrschten Zeit. Der deutsche Durchschnittsbürger besitzt ungefähr 350 festgebundene Bücher und verfügt über eine kleine beachtliche Hausbibliothek.(13).

Kommentar: Diese These betrifft primär den materiellen Literaturbesitz des deutschen Mittelstandsbürgers und nicht das kind- und jugendliche Leseverhalten. Impliziert der Besitz eines Buches auch das Lesen und Reflektieren des Inhalts?

These 2: Viele sind der Auffassung, das Fernsehen sei das Messer zwischen den Rippen des Lesers

Das Fernsehen schmälert zweifellos kreative Kräfte und blockiert die Phantasie der Kinder aufgrund ihrer Berieselungstechnik. Im Gegensatz dazu bewirkt das Lesen im Gehirn, dass infolge vieler unzähliger Reiz-Reaktions-Prozesse Bilder entstehen, die verknüpft werden, und die kognitiven Fähigkeiten in den kortikalen Hirnarealen ausgebildet und aktiviert werden. Das Fernsehen verleitet zur Passivität und ist erinnerungsfeindlich, weil der Wechsel der Bilder und der Eindrücke zu rasch erfolgt und dadurch nur im Kurzzeitgedächtnis gespeichert werden können. Es beeinträchtigt durch Reizüberflutung die Konzentration, lässt die Wirklichkeit durch Oberflächlichkeit banal erscheinen, verändert die ethischen Grundeinstellungen durch Aufzeigen von trivialen oder mit Gewalt besetzten Lösungen in Problemkonstellationen und ist dennoch in der Lage, eine gewisse Leseanimation auszuüben. Es gibt Beispiele, die den vermehrten Kauf eines Buches nach einer ausgestrahlten Serie oder einem Film bezeugen. (14).

Kommentar: Doch kann dies nur eingeschränkt gelten. Es ist erwiesen, dass der Weg mehr umgekehrt, nämlich vom Lesen des Buches zum TV oder Kino verläuft, wie es z.B. der Harry - Potter - Boom bestätigt.

These 3: Leser fallen nicht vom Himmel

Der Lernprozess Lesen und die Entwicklung der Schlüsselkompetenz Lesen gelingen nur, wenn Eltern, Lehrer, Erzieher, Politiker, Bibliothekare, Journalisten u. a. die Rahmenbedingungen für das richtige literarische Lesen stellen. Der Aufwand für die Leseanimation erscheint sehr groß, umfasst viele Ebenen des Alltags und lässt das Lesen, ein elementares Kulturgut, als äußerst schwierige Technik und mit kulturellem Zwang durchsetzte Praxis erkennen. Dieses Engagement anderer, Kinder und Jugendliche zum Lesen zu bewegen, kennzeichnet die Wichtigkeit, die dem Lesen in der Gesellschaft und in der Bildungspolitik beigemessen wird.(15).

Kommentar: Es stellt sich nun die Frage, ob Kinder und Jugendliche aus freiem Willen heraus Texte, die Interkulturalität betreffen, lesen würden, oder ob sie einzig und alleine vom Diktat durch Dritte abhängig sind.

These 4: Die Mutter aller Lesefreuden ist das Erzählen von Geschichten

Fährmann betont, dass die grundsätzliche Einstellung, dass Lesen nur dann als angenehm und ohne Zwang in der Zeit bis zur Adoleszenz empfunden wird, wenn es auf einer positiven Grunderfahrung in der Kindheit beruht, nämlich dass dem Kind Geschichten erzählt wurden, auch heute noch in der Leseforschung und Pädagogik trotz Medienentwicklung gültig ist und das Leseverhalten der Kinder und Jugend bestimmt. Nur wer diese positive Leseerfahrung in seiner frühen Kindheit gemacht hat, kann sich später mit Freude und Engagement dem Lesen widmen.(16). Für die Interkulturalität in der Jugendliteratur gilt nach Fährmann nun folgendes: Wurden dem Kind Geschichten über fremde Völker erzählt, wird es sich später auch selbst für Texte, die fremde Kulturen thematisieren oder in irgendeiner Weise in das Handlungsgeschehen miteinbeziehen, interessieren.

Kommentar: Diese These von Fährmann ist psychologisch zu eindimensional entwickelt, zu direkt formell gedacht und formuliert. Fährmann lässt die eigene persönliche Entwicklung des Jugendlichen, den Einfluss Gleichaltriger und die speziellen Interessen des heranwachsenden Jugendlichen außer acht.

> These 5 : *Das Vorlesen ist die kluge Schwester des Erzählens*

Das Vorlesen verstärkt die Grunderfahrung, die durch das Erzählen ermöglicht wurde, in positiver Weise. Der Klang des gesprochenen Wortes vermittelt ein angenehmes Hörerlebnis. Fährmann sieht in dieser Art der Textrezeption ein lebendiges Kulturgut und verweist auf die zwischenzeitlich beliebt gewordenen Autorenlesungen.(17). Beim Vorlesen sollte keinesfalls die emotionale suggestive Wirkung, die durch Tonfall und Artikulation des Vorlesers auf den Zuhörer ausgeübt wird, negiert werden. Denn das Vorlesen stellt die erste wertende Begegnung mit der moralischen Aussage von Texten, die durch den Vorleser initiiert wird, dar. Die moralische Haltung des Vorlesers wirkt auf die emotionale Entwicklung des Kindes ein und prägt dessen Vorverständnis.

Kommentar: Für die Interkulturalität in der Literatur gilt, dass die Weichen für das erste wertende und weitere Verständnis, was Kulturen betrifft, durch das Vorlesen von dementsprechenden Texten in der Kindheit gestellt werden. Wie verhält es sich, wenn nicht erzählt und vorgelesen wurde? Wird der Jugendliche von sich aus ein echtes Interesse ohne Hebammendienste vonseiten Dritter an Kulturen entwickeln können?
Nach den Thesen von Fährmann müsste man diese Fragen verneinen. Die gestellten Fragen zeigen die Banalität der Thesen 4 und 5 auf, die nur bei

erfolgender Eindimensionalität der sich entwickelnden Psyche des Kindes und Jugendlichen, die primär nur auf ihre vorlesenden Erziehungspersonen fixiert heranwachsen, richtig sind, aber keineswegs als ausschlaggebende Basiskriterien zur späteren Leseentwicklung des Jugendlichen gewertet werden dürfen. Fährmann unterschätzt die eigene Persönlichkeitsentwicklung der Kinder und Jugendlichen, die mit Sicherheit später zu den Büchern greifen werden, die sie interessieren, auch ohne dass ihnen vorgelesen und erzählt wurde.

These 6: Jedes Lesen hat seine Zeit

Fährmann betont, dass die Interpretation von Texten nie allein von der Textaussage her bestimmt ist, sondern vom Vor- und Weltwissen, den Lese- und Lebenserfahrungen des Lesers abhängig ist. Setzt man die Forderung an Textverständnis zu hoch an, indem man den Lesenden Texte anbietet, die über ihren Erfahrungshorizont reichen, kann dies die Leselust rapide vermindern. (18).

Kommentar: Es ist demzufolge in der Literaturdidaktik darauf zu achten, dass Texte dem Leseniveau entsprechend herangezogen werden. Das Leseverhalten zeigt sich wiederum vom verantwortungsvollem Handeln der Umwelt des Lesers abhängig.

These 7. Die Kinder- und Jugendliteratur ist poetisch geworden

Die Kinder- und Jugendliteratur war nach Ansicht von Fährmann stets das ausführende Organ der Pädagogik. Der erzieherische Aspekt, dem das Lesen beigemessen wurde, rechtfertigte alles, was mit Literatur irgendwie zusammenhing, auch das oftmals primitive sprachliche und inhaltliche Niveau der Texte wie z.B. Kitsch und Trivialität. Es galt nur die Devise Hauptsache, das Kind las. Diese Einstellung änderte sich in den letzten Jahrzehnten und die Autoren versuchten zwischen der Erwachsenen- und Kinderliteratur eine Brücke zu schlagen, indem die für Erwachsene typische Textgattungen wie Lyrik und Themen, die bisher für Kinder tabu waren, in die Kinderliteratur einflossen. Nach Fährmann kann man heutzutage die Kinder- und Jugendliteratur als eine Literatur definieren, die auch von Kindern und Jugendlichen gelesen werden kann. Es existiert demzufolge nach Fährmann keine explizite Kinder- und Jugendliteratur mehr.(19).

Kommentar: Das Poetische in der Kinder- und Jugendliteratur erweist sich als janusköpfig. Es zeichnet einerseits ein sehr pessimistisches Bild, was die erzieherische Intention des Lesens betrifft, weil das Kindgemäße in der Literatur aufgrund der Nähe zur Erwachsenenliteratur verloren geht, aber andererseits auch ein positives Bild; das sich auf die Entwicklung neuer Formen von Texten bezieht.

Für die Interkulturalität bedeutet dies, dass Probleme und Themenkreise in der Literatur für Kinder und Jugendliche dargestellt werden, die aus der Welt der Erwachsenen rühren und demzufolge nicht unbedingt dem kindlichen und jugendlichen Wissensniveau entsprechen müssen. Interkulturalität in der Jugendliteratur obliegt in erster Linie dem Anspruch der Erwachsenen, zeigt ihre Probleme im Umgang mit anderen Lebenswelten auf und sucht durch die Darstellung im Kinder- und Jugendbuch einen Verbündeten. Es stellt sich die Frage, ob die Autoren nicht in der Lage sind, Probleme und Sichtweisen der Kinder und der Jugend in ihrer Welt, was fremde Kulturen betrifft, zu erkennen und zu thematisieren. Dass Kinder und Jugendliche fremde Lebenswelten anders erfahren als Erwachsene, liegt doch auf der Hand.

These 8: Keine Angst vor dem Trivialen

Ein Grund für den Einfluss der Erwachsenenliteratur auf die Kinderliteratur könnte nach Fährmann in der Angst vor dem Trivialen liegen. Trivialität kann durch eine kindgemäße Darstellung von Thema und Sprache in der Literatur erzeugt werden. Diese Bedeutungsnuance von trivial im Sinne von kindgemäß ist nur eine Bedeutungskategorie. Trivial kennzeichnet normalerweise Banalität, was vor allem als negatives Bewertungskriterium in der Erwachsenenliteratur gilt. Nach Fährmann soll man trivial nicht zu streng bewerten, weil das Lesen von Trivialliteratur auch zur Entlastung bei psychischen Spannungszuständen beitragen kann. (20).

Kommentar: Doch sollte man diese Art der Literatur gegen Pornographie und literarisch inszenierte Kriegs- und Gewaltverherrlichung abgrenzen und Destruktives rigoros ausklammern.

> *These 9*: *Wir müssen Literatur wieder in unsere Lebensvollzüge eingliedern*

Der momentan sehr moderne produktive und kreative Umgang mit Literatur und ihre Umsetzung in diverses szenisches Gestalten wie in Musik, Tanz und Bild fördern die Wertschätzung, das Verständnis und auch die Liebe zur Literatur.(21).

Kommentar: Für die Interkulturalität in der Literatur gilt, dass aufgrund dieser Darstellungstechniken ein neuer tieferer Zugang für die Probleme, die der Dialog der Kulturen aufwirft, gewonnen werden kann .

> *These 10*: *Wir lassen zu selten die eigene Begeisterung für das Lesen überspringen*

Die Sterilität der Gesellschaft, die sich darin äußert, echte Gefühle wie z. B. die Freude über ein bestimmtes Buch zurückzuhalten, bewirkt, dass man nur zu dem öffentlich oder bei Freunden steht, was momentan als modischer Trend anerkannt wird. Fährmann plädiert für einen neuen Aufbruch: Kinder- und Jugendliteratur muss mehr als bisher in den öffentlichen Medien populär gemacht werden. Sie kann in Podiumsdiskussionen und dem literarischen Quartett miteinbezogen werden. Im Alltag soll vermehrt Platz geschaffen und die Möglichkeit eröffnet werden, Kindern und Jugendlichen den Mut zu geben, sich selbst zum Lesen zu befreien und sich als Leser zu entdecken.(22).

Kommentar: Fährmann knüpft mit dieser letzten These an den neuesten Forschungsergebnissen an, die Lesen als einen aktiven Prozess deklarieren. Doch ohne die Selbstbefreiung und die Erfahrung sich als Leser in der Gesellschaft wahrnehmen zu dürfen ist ein positiver freier und nicht - diktierter Zugang zum Lesen nicht möglich. Dies betrifft primär das Leseverhalten der Kinder und Jugendlichen, die nach der Ansicht der Literaturpädagogen und der Bildungspolitiker Lesen als elementare Kulturtechnik erlernen und als Schlüsselkompetenz für den kommunikativen Umgang mit der Welt begreifen sollen.

I.2.2. Lesen, ein aktiver Prozess

Lesen wird in der neuesten Forschung als ein aktiver Prozess verstanden. Dies mag überraschen, da im Alltagsbewusstsein Lesen mehr als eine entspannende Freizeitbeschäftigung gilt, die vom Lernprozess ausgegrenzt und mit Faulenzen oft gleichgesetzt wird. Jeder Akt des Lesens stellt eine aktive Auseinandersetzung mit Texten egal welcher Art dar. Im Prozess des Verstehens wird eine individuelle Leistung des Lesens erkannt. Einen Text kognitiv zu erfassen und zu verstehen bedeutet ihn aktiv zu rezipieren, d. h. der Textinhalt wird beim Vorgang des Lesens mit dem aktuellen Vor-, Welt- und Sprachwissen verbunden. Zu den Voraussetzungen des Erfassens gehört das Zusammenspiel von Vorwissen und Textvorlage.
Im Lesen werden dem Text Informationen entnommen, die im mentalen Bereich zu einem individuellen Textverständnis führen. Dies geschieht in mehreren Teilprozessen, die sich in zwei Hauptkategorien zusammenfassen lassen.
Die erste Kategorie bildet das Erkennen von Buchstaben und Wörtern mit ihrem Wortbedeutungsgehalt.
Die zweite Kategorie ist das Verstehen des Textes während eines Rezeptionsprozesses auf der Metaebene, die der Leser aufgrund von Darstellungsstrategien im Text mit Blick auf die Textintention, einer selbstständigen Rekonstruktion der Textdeutung und seines Wissensstandes zu erkennen sucht.
Aus diesem Zusammenspiel der einzelnen Prozesse und unter Einbezug des Vor- und Weltwissens gewinnt der Leser eine mentale Repräsentation über die im Text beschriebene Situation. Diese Verstehensprozesse gestalten sich sehr flexibel und sind kontextabhängig. Interindividuelle Unterschiede in der Textrezeption ergeben sich aus den unterschiedlichen Denkleistun-

gen, die auf dem Vorwissen, auf der Speicherkapazität des Gedächtnisses und den allgemeinen kognitiven Fähigkeiten beruhen. Wichtig ist, dass das Resultat dieser aktiven Auseinandersetzung mit dem Text eine bestimmte Leistung erzielt, die von der Ausgangssituation des Lesers und der Vorlage des Textes abhängig ist.

Um einen Text kognitiv richtig erfassen zu können, sind neben den basalen Grundtechniken des Lesens die kognitiven Fähigkeiten wie Sprachwissen, Weltverständnis, Werteorientierung, persönliche Interessen und motivationale wie emotionale Faktoren von großer Bedeutung. Hinzu kommen die Fähigkeit zur Reflexion des Gelesenen und die Weiterverarbeitung des Reflektierten in sozialen Kommunikationssituationen.

Diese Faktoren tragen dazu bei, ein Leseverständnis auszubilden, das auf dem Hintergrund einer lebenslangen Lernperspektive ständig aktiviert und ausgebaut werden kann.(23). Die Lesekompetenz wird in Eigenleistung und mit Hilfe kompetenter Anderer in sozialen Anschlusskommunikationen, bei denen das Gelesene aus der Retroperspektive reflektiert wird, erworben und erweitert.

II. Zwei klassische Fremdheitsbilder in der Literatur

Das heutige Zusammenleben ist eine besondere interkulturelle Aufgabe, die es zu lösen gilt. Bleibt sie unbeantwortet, sind schwelende und gefährliche Konfliktsituationen in der globalen Weltgemeinschaft wie in der Privatsphäre die Folge. Der jüdische Politikwissenschaftler Huntington weist zurecht in seinem bekannten Buch "Kampf der Kulturen" auf bestehende Konfliktherde in der kulturellen Kommunikation hin. Er verfolgt mit seinem sehr umstrittenen Buch das Ziel, dass man sich weltweit mit diesem Konfliktpotential auseinandersetzen und sich für die Lösung der Probleme, die die Interkulturalität betreffen, einsetzen und engagieren soll.(24). Huntington betont, dass ein ethischer weltweiter Anspruch an ein jedes Kulturmitglied gleich welcher Nation vorzuherrschen hat, der die Forderung impliziert, von einem gleichgültigen bis feindlichen Nebeneinander zu einem fruchtbaren und friedlichen Miteinander zu gelangen. Auch ist es keineswegs ausreichend, Diskussions- und Lösungsvorschläge um die multi- und interkulturelle Problematik auf rein politischer und akademischer Ebene zu führen, sondern es ist zwingend, in aktiven Auseinandersetzungen zu Lösungen zu drängen. Erforderlich ist die Umsetzung der innerakademischen und politischen Diskussion in die Alltagsebene zugänglich und greifbar für jedermann. Ohne diesen Transferprozess ist jede theoretische Anstrengung sinn- und nutzlos.

Eine Möglichkeit, die Alltagsebene miteinzubeziehen, bietet sich in der literarischen Ausgestaltung der interkulturellen Problematik in der Literatur an. Literatur ist sehr eng mit der historischen Entwicklung der Kultur verbunden und spiegelt oft zeitgenössische Probleme wieder. Sie stellt eine bedeutende Quelle zur Erhellung von Sozialisations- und Enkulturationsprozessen mit ihren speziellen Problemfeldern dar. Betrachtet man die Literatur in ihrer historischen Entwicklung, so fällt auf, dass bereits in der Antike, der althochdeutschen wie mittelhochdeutschen Literatur die Auseinandersetzung mit fremden Kulturen thematisiert wurde. Die antike Ethnographie kennt z. B. den Typus des Fremden, dem Tugenden, vor allem die Kampfeskraft, zugeschrieben wurden, die in der eigenen Gesellschaft als Mangelware galten.

Die Schilderungen des Tacitus über Germanien in seiner "Germania" gehören in diese Tradition den Fremden, der dazu dient, die Römer an ihre alten

republikanischen Tugenden zu erinnern, in imaginäre Überhöhung zu charakterisieren.
Die frühgriechische Dichtung über den Kannibalismus wie z. B. in der "Odysse" bei dem Riesen Polyphem dient der Verherrlichung der eigenen Gastfreundschaft, indem man diese gesellschaftliche Norm bei den Kyklopen ins Gegenteil verkehrt.
Auf keinen Fall darf dieser Begriff des Fremden in der Antike mit dem Begriff des Fremden im Mittelalter und in der Neuzeit gleichgesetzt werden. Er stellt auch keine Fortführung dar, sondern ist z. B. im Mittelalter als Gegenpol zum Christsein zu verstehen und wird nur zu Erhellung von Kampfesursachen und Heiratspraxis benutzt.

Der Umgang mit dem Fremden zeigt, dass die Literatur sich schon immer der Aufgabe gewidmet hat, das Fremde aus dem Kontext der jeweiligen Zeit heraus zu erklären, literarisch zu inszenieren und die Konstruiertheit des Fremden aus der Perspektive des Eigenen sichtbar werden zu lassen. Der Typus des Fremden ist demzufolge kein Phänomen der Neuzeit, sondern unterliegt in seiner Bewertung und Darstellung dem jeweilig vorherrschenden Zeitgeist. In diesem Prozess der Bewertung und Darstellung findet oft eine Vermischung tradierter Fremdheitsbilder mit aktuellen statt, die den Wandel des Erscheinungsbildes des Fremden in eine bestimmte Richtung dirigieren und die jeweilige Physiognomie des Fremden bestimmen, so dass es unerlässlich ist, historische Perspektiven miteinzubeziehen.

II.1. Der Heide und der Christ

Der Topos des Heiden in der Literatur ist eine typische europäische Imagination, die sich im Laufe der Zeit gewandelt hat und heute kaum noch existiert.
Der Fremde im Mittelalter wurde in erster Linie als kriegerischer Feind eingestuft, der das Kampfesbewusstsein symbolisierte und an das Heidentum rückgebunden wurde. Das Fremde markierte ein fiktives Gegenmodell zum eigentlichen Friedens- und Liebesgebot der Christenheit. Als typischer Vertreter dieser Haltung ist das alte Rolandslied zu erwähnen. Diese Sichtweise, den Heiden als böse zu charakterisieren, den es gilt zu beseitigen, wurde erst durch die mittelalterliche Heiratspraxis, wie es in Wolframs Parzival exemplarisch vorgeführt wird, durchbrochen.
Die Heirat zwischen einer Heidin und einem Christen basiert auf der erotischen Anziehungskraft der Frau, die aufgrund ihrer höfischen Tugenden erst ihren emanzipatorischen Stellenwert gegenüber christlichen Frauen erhält.
Belacane, die schöne schwarze Frau von Gahmuret, steht in ihrer Ausstrahlung, Reinheit und höfischer Erziehung der westlichen christlichen höfischen Welt in nichts nach. Sie ist ebenbürtig. Fairefiz, der schwarzweiß- gescheckte Halbbruder von Parzival, erlangt die höchste Auszeichnung, nämlich die Aufnahme in die Gralsritterschaft. Er ist seinem christlichen Halbbruder in keiner Weise unterlegen, sondern wird von Wolfram mit weitaus besseren Charaktereigenschaften ausgestattet als Parzival.
Wolframs Einbezug und Darstellung der fremden heidnischen Religion sind verschiedenen Sphären zuordbar. In privater Sphäre zeigt der Autor auf, dass eine Heirat zwischen einem Christen und einer Heidin auf der Basis der Liebe durchaus möglich ist. Auf der spirituellen Ebene wird deutlich, dass Gott auch an Heiden Wunder bewirkt. Er verhindert durch seine Allmacht, dass Fairefiz seinen Halbbruder Parzival tötet. Vom religiösen Standpunkt aus wird die christliche Religion zwar der heidnischen gegenüber als überlegen dargestellt, aber von einer List des Teufels, der das Heidentum in die Welt brachte, ist keine Rede. Wolfram vertritt die Auffassung, die in seinem Werken "Parzival" und "Willehalm" mehr als deutlich wird, dass auch die heidnische Religion eine Schöpfung aus Gottes Hand ist.(25).

Diese Art des interkulturellen Einbezugs ist ein typisches Beispiel für die moralische Haltung eines Autors, der von einer Seinsmoral ausgeht. Die heidnische Religion und Kultur werden verchristianisiert vorgeführt und in die westliche Schablone der höfischen Welt gepresst, was vor allem den Tugendkatalog der Figuren betrifft. Sämtliche Charakteren müssen den Anforderungen der westlichen höfischen Welt genügen, um eine positive Hörereinstellung zu bezwecken und vom Lesepublikum akzeptiert zu werden. Diese Tatsache ist durchaus positiv zu bewerten. Macht sie nicht deutlich, dass von Seiten der Christen eine Brücke zu den Heiden auf der Basis der Liebe möglich ist, dass auch Heiden das Christentum respektieren und Christen sich den Heiden gegenüber öffnen können, auch wenn dies rein auf mentaler Ebene geschieht ? Der Typus des Heiden in der mittelalterlichen Literatur vor allem seit Wolfram von Eschenbach ist demzufolge von positiver Alterität gekennzeichnet, die sich allerdings nur im exotischen Kontext, also in Darstellungen des orientalischen Prunks und der orientalischen exotischen Schönheit, wiederfindet..

Mit Beginn der frühen Neuzeit wird diese Positivität vom Vorwurf der Unmoral und des Teuflischen umsäumt und der Typus des Heiden wandelt sich zu einer bösen Kontrastfigur, der im Klischee des Harem und im Okkultismus seine niederen Triebe auslebt und nur eine Demontierung der europäischen christlichen Gesellschaft nach sich zieht. Dieser Typ des Heiden, der nur ein imaginäres Gedankenspiel darstellt, wird als satirische Kritik an der europäischen Gesellschaft verstanden, der den Europäer dazu bringen soll, sich wieder auf seine eigenen Werte und Ideale zu besinnen. Die Positivität des Fremden zeigt sich prekär, die immer wieder der Gefahr ausgesetzt ist, in eine Negativität umzuschlagen und zwar dann, wenn es die gesellschaftliche Situation erfordert.

Zusammenfassend lässt sich feststellen, dass der Typus des Fremden in historischer Rückblende zum Spielball gesellschaftlicher Kritik ausgewählt wurde, in dieser Rolle weiterhin fungiert und an ideologische Elemente der europäischen Geschichte gebunden ist.

II.2. Der Topos des edlen Wilden

Ein typisches Phänomen der Neuzeit stellt die Darstellung des Fremden im Topos des edlen Wilden dar. Seine idealtypische Ausprägung erhielt der Topos in literarischen Werken und in moralphilosophischen Abhandlungen des 18. Jahrhunderts. Seine weiteste Verbreitung fand er mit dem von Rousseaus begründenden Sentimentalismus.

Rousseau gilt als Schöpfer des Topos, der eine neue Dimension des interkulturellen Dialogs eröffnete und eigentlich missverstanden wurde. Dem am Ursprung der Menschheitsgeschichte angesiedelten edlen Wilden werden naturgegebene ethisch-moralische Qualitäten, eine Sinnlichkeit und Vitalität zugeschrieben, von denen der europäische Zivilisierte weit entfernt ist. Vor diesem Bild der sinnlich-ästhetischen Lebenswelt verlieren sämtliche zivilisatorischen Entwicklungen ihren Glanz und ihre Bedeutung. Alles, was Zivilisation ausmacht, wird als künstlich und gegen die natürliche Lebensordnung gerichtete Kraft eingestuft.

Ursprünglich entsprang der neuzeitliche Topos des edlen Wilden dem Erziehungsroman "Emile", obwohl das Grundmuster des Wilden bereits in der Antike bekannt war, seitdem in Varianten reichen Spielarten aufgetreten ist und in sehr unterschiedliche kulturelle und politische Kontexte hineinreichte. Man war daher versucht, das Erscheinungsbild des Wilden als eine universale ethnologische Prägung anzusehen, die grundsätzlich überall nachweisbar war.

Nach neuesten Forschungsergebnissen von Fludernik u. a. ist dies jedoch eine ganz spezifische europäische Konfiguration, die sich in Afrika und Asien nicht nachweisen lässt und auch in Europa nicht einheitlich auftritt. Das Bild des Wilden hatte seit der Antike viele sich teilweise zu widersprechende Formen angenommen, so dass es nur bedingt bis keinesfalls als Grundmuster für den Topos des edlen Wilden gelten kann.(26).

Der Topos in seiner Ursprünglichkeit ist eine Gestalt ohne persönliche Eigenschaften und stellt kein durch Einzelheiten beschriebenes Individuum dar, sondern ist eine mythologische Gestalt und wird durch Rousseau zu einem Mischwerk, das mehr und mehr individualisiert wird. Rousseau versuchte, der Sinnlosigkeit eines gehetzten Bürgerlebens den Frieden eines idyllischen Lebens in der Natur gegenüberzustellen.

> *"Der primitive und zivilisierte Mensch sind im Grunde ihres Herzens und ihren Neigungen derart verschieden, daß, was des einen höchstes Glücks ausmacht, den anderen zur Verzweiflung bringen müßte. Der erste strebt nach Ruhe und Frieden......der Bürger hingegen, immer tätig, schwitzt, rackert sich ab, nur um stets neue und noch mühevollere Arbeit sich aufzuladen; er arbeitet bis zum Tode, ja stürzt sich förmlich in ihn hinein, nur um leben zu können, oder er verzichtet überhaupt auf das Leben, um unsterblich zu werden......Welch Schauspiel für einen Kariben, die dornige und doch so beneidete Arbeit eines europäischen Ministers...."*
> (zit. nach Rang Martin, Jean Jacques Rousseau, S. 123).

Das Ideal des Primitiven stellte primär die Sicherung der Freiheit einer individuellen Existenz in das Zentrum, die sich im Menschen ohne Einwirkung des gesellschaftlichen Klischees und vorgegebener Normen entwickeln kann. Die Freiheit war also nur aufgrund der natürlichen Existenz und Lebensweise des Menschen in der Natur möglich. Die literarische Gestalt Emile im Erziehungsroman Rousseaus ist demzufolge ein Individuum, das einfach gekleidet ist, einfach lebt, einen einfachen Beruf ausübt und im Laufe der Handlung die Rolle des edlen Wilden zu übernehmen hat. Ist Emile, der am Ende des Romans als edler Wilder erscheinen soll, ausreichend mit den Eigenschaften ausgestattet, die ihn so handlungsfähig machen, dass er als Protagonist innerhalb seines Erziehungsprozesses in der natürlichen Lebenswelt agieren kann? Das Ziel dieser naturgegebenen Einfachheit, der Emile ausgesetzt ist, findet sich darin, die Welt in ihrer Naturgesetzmäßigkeit zu erfassen und zu beurteilen, immun gegen Schicksalsschläge zu werden und das Leben aus der Summe der einzelnen Augenblicke begreifen zu lernen.

Der Topos des edlen Wilden als multidimensionale Figur entstand durch die Forderung Rousseaus, Emile als erste Lektüre Robinson Crusoe zu erlauben, der ihm diese naturgegebene Lebensweise bildlich und anschaulich vorführen soll, um Emile die Zivilisationskritik durch die Gegenüberstellung von Natur und Fortschritt bildlich zu verdeutlichen.(27). Defoes Roman ist ein Handbuch zur Rechtfertigung der Entwicklung elementarer Kulturtechniken und Überlebensstrategien in der Wildnis. Er stellt im wesentlichen eine frühere Entwicklungsstufe der Menschheit dar. Rousseau beabsichtigte mit dieser Lektüre, Emile auf Defizite und Gefahren in der zivilisierten Gesellschaft aufmerksam zu machen, indem er eine frühere Entwicklungsstufe der Menschheit als die bessere Lebenswelt beurteilte. Die Figur des edlen Wilden ist eine Figur, die den Naturzustand demonstriert und als Repräsentant einer früheren menschlichen Entwicklungsstufe gilt.

Rousseau idealisierte die Gestalt des Kindes Emile mit dem Topos des Wilden, der durch die Gestalt des Robinson präsentiert wurde. Diese Kombination kreierte den Topos des edlen Wilden, der durch das Kind symbolisiert wurde und die Schriften Rousseaus wie ein Leitmotiv durchzieht. Er hat in seinem Ursprung nichts mit der Darstellung eines Vertreters einer primitiven Kultur in unserem heutigen Verständnis zu tun, sondern dient der Unterscheidung der drei Erziehungsinstanzen: die Natur, die Menschen und die Dinge, d. h. die Erfahrung. Primitiv wird im Kontext Rousseaus pädagogisch aufgeladen und für das ursprüngliche Naturwesen in seiner eigenen urwüchsigen Formbarkeit, der ersten Erziehungsinstanz, nicht zu verwechseln mit Natur-Trieb-Wesen nach dem Geist der Tiefenpsychologie Freuds, als kennzeichnendes Attribut treffend eingesetzt.

Rousseau plädierte dafür, dass sich im Kind die naturgemäßen Anlagen frei entfalten müssen, bevor sich Schule und Gesellschaft negativ auswirken können, und beruft sich auf die optimale Verbindung von Körper und Geist, die er in der Charakterisierung seines "Wilden" darstellt. Er kontrastiert den Wilden dabei mit dem Bauern, den er als primitiv bezeichnet, um zu verhindern, dass primitiv mit wild gleichgesetzt wird. Der Topos des edlen Wilden erhält bei Rousseau seine spezifische Ausformung, die nicht als monokausale Marionette einer fremden primitiven Kultur aufzufassen ist, sondern für das innere Entwicklungsgesetz des Menschen steht, das er aufgrund einer naturgemäßen freien Lebensweise selbst erkennen und entwickeln kann. Rousseau schreibt:

" *Im allgemeinen gibt es nichts Schwerfälligeres als einen Bauern und nichts Schlaueres als einen Wilden. Woher dieser Unterschied? Er kommt daher, daß der Bauer nur tut, was man ihm befohlen hat, was er schon seinen Vater hat tun sehen, was er selber seit seiner Jugend getan hat und daher routinemäßig tut. Weil er immer die gleichen automatischen Arbeiten verrichtet, sind Gewohnheit und Gehorsam an die Stelle der Vernunft getreten.*

Beim Wilden liegt die Sache anders: er ist nicht an einen Ort gebunden; er kennt keine vorgeschriebenen Pflichten; er braucht niemanden zu gehorchen; er kennt kein anderes Gesetz als seinen Willen. Er muß also jede Handlung selber überlegen. Er macht keine Bewegung und keinen Schritt, ohne vorher die Folgen bedacht zu haben. Je mehr er also seinen Körper bewegt, desto schärfer wird sein Geist. Seine Kraft und seine Vernunft wachsen gleichzeitig miteinander."
(zit. nach Goetsch Paul, das Kind als edler Wilder, S. 231)

Rousseau will die Kinder nicht zu edlen Wilden formen, denn sie werden sich in der Gesellschaft später zurechtfinden müssen. Seine Intention geht dahin, dass die Kinder bis zur Pubertät, die er als zweite Geburt definiert, aufgrund des Umgangs mit der Natur von innen her lernen sollen. Diese zu erwerbenden Fähigkeiten lebt das Kind Emil beispielhaft vor. Rousseau schreibt über seine literarische Figur, die er mit dem Topos des edlen Wilden gleichsetzt und demzufolge den Topos als Idealgestalt charakterisiert, folgendermaßen.

" Emil hat nur natürliche, rein physische Kenntnisse. Er kennt nicht einmal das Wort Geschichte und weiß nicht, was Metaphysik oder Moral bedeutet. Er kennt die wesentlichen Bezüge zwischen den Menschen und den Dingen, weiß aber nichts über die moralischen Beziehungen von Mensch zu Mensch. Er kann kaum Begriffe verallgemeinern; er kann kaum abstrahieren. (...)
Emil ist fleißig, mäßig, geduldig, entschlossen und mutig. Seine Phantasie ist nicht erhitzt.(..) Mit einem Wort: Emil hat von den Tugenden alles, was sich auf ihn bezieht. Für die gesellschaftlichen Tugenden jedoch fehlen ihm nur die Kenntnisse der Beziehungen, die ihnen zugrunde liegen."
(zit. nach Goetsch Paul, das Kind als edler Wilder, S. 231)

Der Topos des edlen Wilden erstreckt sich auf die Eigenschaften fleißig, geduldig, entschlossen, mutig und emotional ausgeglichen, die das Kind in seiner frühen Kindheit zu entwickeln hat. Gemeinsam mit dem Kind hat der edle Wilde die naturverbundene Lebensführung. Es lässt sich feststellen, dass der Topos in seinem Ursprung nicht für die Begegnung mit dem Fremden einer anderen Kultur steht, sondern dem Erziehungsverständnis Rousseaus und seiner Sicht über die Kindheit, die er als einen natürlichen

Freiraum verstanden haben will, entsprungen ist. Genau an diesem Punkt entstanden in der Nachfolgezeit die Missverständnisse, die zur Transformation und Umwandlung des Topos führten.(28).
Rousseau legte den Grundstein für eine Bewegung, die sich der positiven Darstellung fremder Kulturen in der Literatur widmete. Man vergaß dabei die eigentliche Intention Rousseaus, die er dem Typ des edlen Wilden zuerkannte.

Joachim Heinrich Campe, der als Pädagoge und Jugendschriftsteller der Nachwelt in Erinnerung blieb, griff diesen Topos auf, veränderte ihn und schrieb zu Defoes berühmten Robinson den Nachfolgeroman "Robinson, der Jüngere", in dem er den Topos auf die Figur des Freitag anwandte. Auf ihn geht eine weitere Nuance der Bedeutung dieses Topos zurück, die sich von Generation zu Generation weiter vererbte.
Die Figur des Freitag ist eine Gestalt, die dem westlichen Protagonisten und Kolonisator als Werkzeug und untergegebener Diener zu gehorchen hat. Freitag präsentiert sich als edler Wilde in dem Sinn, dass er sanftmütig und bereitwillig seine eigene Identität aufgibt und sich gehorsam in die Kultur des Europäers fügt. Campe folgte also nur teilweise der Anregung Rousseaus den Robinson Crusoe als das Erziehungsbuch für Kinder zu deklarieren und schrieb aufgrunddessen zur weiteren Unterweisung "Robinson, den Jüngeren" in zwei Bänden.
Der Held bei Campe unterscheidet sich im wesentlichen vom Helden bei Defoe darin, dass der Protagonist nach dem Schiffbruch weder Waffen noch Geräte besitzt und nur auf seinen Kopf und seine Hände angewiesen ist. Er meistert vortrefflich das Leben auf der einsamen Insel, unterrichtet Freitag in den elementaren Kulturtechniken und kehrt geläutert mit der Intention ein guter Bürger zu werden in die Gesellschaft zurück.
Campe richtet sein Werk im Gegensatz zu Defoe, der seinen Robinson den Erwachsenen gewidmet hatte, an die Kinder. Es sollte durch diese Lektüre ein Spielraum gesteigerten naturgemäßen Lebens ohne eine Ausdifferenzierung sozialer Klassen eröffnet werden mit dem Schwerpunkt auf dem Thema des Gehorsams gegenüber den erziehenden Personen.
Der Roman von Campe bezieht die Erziehung des Freitags zu einem Kulturmenschen, der die elementaren Kulturtechniken wie Lesen und Schreiben und ein einfaches Handwerk zu erlernen hat, in das zentrale Handlungsgeschehen mitein.(29). Das Leben Robinsons auf der Insel wird mit

der Begegnung eines Fremden aus einer anderen Kultur kombiniert, dessen Vater ein Spanier war und der bereit ist, sich einem kulturellen Sozialisationsprozess zu unterziehen, um für die Welt seines Vaters gesellschaftstauglich zu werden. Freitag will demzufolge bewusst aus diesem Naturzustand ausbrechen und zivilisiert werden.

Dieses Faktum stellt eine weitere Abweichung und Verkehrung von Rousseaus Intention dar und zog eine weitere Vermischung des Topos des edlen Wilden mit der Figur des Freitag nach sich. Man kann also von einer triadischen Personenkonstellation des Topos des edlen Wilden sprechen: Emile, Robinson und Freitag, die nicht als individuelle Figuren weiterlebten, sondern als abstrakte Erscheinungsbilder von Eigenschaften, die im Erziehungsprozess für die Kinder damals als positiv und vorbildhaft empfunden wurden. Der Topos des edlen Wilden war nicht zivilisationskritisch aufzufassen, sondern diente dem Erziehungsverständnis. Der edle Wilde war nun eine Bildfigur, die wie Emile keinem gesellschaftlichen Einfluss ausgesetzt war, sich wie Robinson in der Einsamkeit fern der modernen Zivilisation befand und dementsprechend einfach leben musste, wie Freitag gezwungen war, elementare Kulturgüter von Grund auf ohne Verfälschung zu erlernen, um später bei seiner Reise in die Welt des Vaters in die Gesellschaft integriert werden zu können.

Campes Weiterentwicklung des Topos wurzelte in seiner eigenen praktischen Lebensausrichtung. Denn seine Intentionen waren sehr auf das vernünftige und praktische Handeln ausgerichtet, was sich in seinen Jugendbüchern und besonders in der Figur des Freitag kontinuierlich widerspiegelte. Auf das Werk "Robinson, der Jüngere" folgten "Die Entdeckung Amerikas, ein angenehmes und nützliches Lehrbuch für Kinder und junge Leute", Reisebeschreibungen für Kinder und das sehr bekannte Opus "Kinderbibliotheken". Bei Campe klang schon eine gewisse Interkulturalität in dem Sinne an, wie sie heute verstanden wird, nämlich das Lernen auf der Basis der Achtung vor anderen Völkern, das sich aber mehr auf die praktische Lebensweise fixierte als auf eine mentale Auseinandersetzung mit fremden Kulturen. Anekdoten zufolge soll Campe mehr Wert auf die Einführung des Kartoffelanbaus gelegt haben als auf das Erlernen und Rezitieren von Homers Dichtungen. Interkulturalität wurde in praktischer Lebensführung erfahren.

Zu Campes Zeiten betraten noch weitere Autoren die literarische Bühne, die sich dem Thema Kindheit und Erziehung widmeten, weitere Robinsonaden entwickelten, die zu einem richtigen Boom ausarteten, aber ohne der Nachwelt in Erinnerung zu bleiben. Sie gehörten fast alle dem philanthropischen Kreis wie Campe selbst auch an, waren jedoch auf interkulturelle Aspekte weniger fixiert. Ihre Literatur sollte rein erzieherisch auf die gute ethische Entwicklung des Kindes einwirken.(30). Die Flattensignale, die Rousseau und Campe für die Kinder- und Jugendliteratur setzten, die das Leben der Menschheit im naturgemäßen Zustand präsentierten sollten, fanden keine geeigneten Nachfolger. So blieb der Topos des edlen Wilden in seiner triadischen Personenkonstellation eine zeitlang unverändert. Der modische Trend bahnte sich später einen anderen Weg, wie die Kinderliteratur der Bourgeoisie nur allzu klar verdeutlichte.

Die Übertragung des Topos des edlen Wilden auf den Indianer geschah durch Cooper in seinen historischen Romanen „Lederstrumpf" und „Wildtöter". Er suchte wie Rousseau im Wilden das edle Gute und Schöne. Die triadische Figurenkonstellation erweiterte sich zu einem Personenquartett: Emile, Robinson, Freitag und der Indianertypus Coopers, der nach der dichterischen Phantasie Coopers gebildet war und im Verständnis von Rousseau als der bessere edlere Wilde galt.

In dem erweiterten Topos des edlen Wilden durch den Einbezug einer idealisierten Indianergestalt werden weiterhin die Erscheinungsbilder von den Eigenschaften gespiegelt, die ein Mensch von Beginn seiner frühestens Jugend an in sich zu erkennen und auszubilden hat. Die Fähigkeiten, die durch Emile und Robinson vertreten wurden, verloren jedoch im Laufe der Zeit ihre Bedeutung. Aufgrund der Kolonialisierung Amerikas lag der Hauptakzent des Interesses in der europäischen Literatur auf der Darstellung andersfarbiger Menschen.

Der Topos des edlen Wilden verlor als wiederkehrendes Motiv seine ursprüngliche europäische Herkunft und wurde der neuen Aufgabe in der Literatur andersfarbige Menschen in ihrer Lebensweise darzustellen untergeordnet. Er wandelte sich so, dass er in seiner neuen Form dem ursprünglichen Gehalt nicht mehr entsprach. Der schwarze und der rote Wilde verschmolzen zu einem neuen überseeischen aber fiktiven Topos des edlen Wilden, besser eigentlich des edlen Fremden, doch nicht mehr in der aufwendigen geistigen Ausformung Rousseaus und Campes, sondern in ornamentaler Ausfertigung, der den edlen Wilden zum romantischen roten Romanhelden mit antik- heroischem Glanz hochstilisierte. So wurde dieser Topos nur noch für das äußerliche Fremdartige herangezogen und in seinem Charakter mit den besten ethischen Gütern der Europäer ausgestattet. Diese prekär anmutende Begriffsbestimmung blieb lange Zeit erhalten.

Der Topos des edlen Wilden symbolisierte de facto den starken, heroischen, edlen, schönen und hochherzigen roten Mann, der nach Cooper vorerst nur auf seine Indianergestalten bezogen wurde.(31).

Die größte Hochschätzung erfuhr der Topos in einer neuen Variante, in Winnetou. Winnetou, ein Begriff aus dem Shoshoni, der schlichtweg nur Mensch bedeutet, hat seinem Schöpfer Karl May als leere Formel gedient, diese Figur "wintu" der historischen Gestalt des berühmten Chiricahua-Oberhäuptlings Cochise nachzuzeichnen und ihn mit den besten indianischen Tugenden wie Treue, Redlichkeit und Tapferkeit auszustatten.(32).

Winnetou wohl die berühmteste Gestalt der deutschen Literatur neben Faust ist eine typische idealisierte Indianergestalt, dem ein wilhelminisches Idealbild des deutschen Mannes in fremden Ländern in der Gestalt des Old Shatterhand gegenübergestellt wird. Dieser Deutsche nun versteht die Fremden, zeigt sich liebe- und rücksichtsvoll, ist von der Überlegenheit der christlich- abendländischen Kultur überzeugt, demonstriert diese in der Technik, dabei vor allem im Waffengebrauch. Winnetou erscheint dem deutschen Mann ebenbürtig und verkörpert seinerseits die gesamte indianische Nation. May schrieb 1892 an Felsenfeld folgendes zu Winnetou:

" *Am liebsten schrieb ich alle 3 Bände neu. Es müßte ein ethnographisch - novellistisches Meisterstück werden, nach welchem hunderttausend Hände griffen, noch ganz anders als Lederstrumpf und Waldläufer, viel gediegener , wahrer, edler; eine große, verkannte, hingemordete, untergehende Nation als Einzelperson Winnetou geschildert.*"
(zit. nach Brunken Otto, der rote Edelmensch, S. 296).

May knüpfte in seiner Winnetou- Trilogie an die literarische Tradition Coopers an, verstand Winnetou im Gegensatz zu Coopers Indianergestalten als das Symbol einer gesamten Nation und erweiterte den Topos des edlen Wilden auf das emblemartige Erscheinungsbild des edelsten Menschen an sich. Diese Ausweitung des Topos ist im Vorwort zu Winnetou I greifbar:

" Habe ich doch die Roten kennengelernt während einer Reihe von Jahren, und unter ihnen einen, der hell, hoch und herrlich in meinem Herzen, in meinen Gedanken wohnt. Er, der beste, treueste und opferwilligste aller meiner Freunde, war ein echter Vertreter der Rasse, der er entstammte, und ganz so, wie sie untergeht, ist auch er untergegangen, ausgelöscht aus dem Leben durch die mörderische Kugel eines Fremden. Ich habe ihn geliebt wie keinen zweiten Menschen und liebe noch heute das sterbende Volk, dessen edelster Sohn er war."
(zit. nach Brunken Otto, der rote Edelmensch, S. 296 ff.).

Winnetou wurde in den Nachfolgeromanen nach der Trilogie von May radikal mystisch überhöht. Manche meinen darin eine homoerotische Neigung Mays zu entdecken, was jedoch von der Hand zu weisen ist. Brunken sieht in dieser Überhöhung eine religiöse Dimension und nennt Winnetou die Inkarnation zum

"roten Heiland, zum Mittelpunkt einer synkretistischen Religion, die die Menschheitsfrage durch das Streben nach Edelmenschlichkeit lösen soll."
(zit. nach Brunken Otto, der rote Edelmensch, S. 300)

Diese Menschlichkeit erfüllt sich zuletzt in dem Bekenntnis des sterbenden Winnetou zum Christsein und der Bitte auf Rache zu verzichten.(33).
Der Tod Winnetous beinhaltet auch gleichzeitig den Untergang des Topos des edlen Wilden bzw. des roten Edelmenschen. Es gelang keinem Autor in der Nachfolge Mays eine derartig idealisierte Gestalt zu produzieren, die an Edelmut Winnetou ebenbürtig war. Mit der Läuterung des edlen Wilden zum christlichen roten Edelmenschen war das Ziel erreicht, wenn auch nur in der privaten christlich fundierten Mythologie mit universalem Anspruch eines Karl May.

Dieser Topos, von Rousseau grundgelegt, von Campe in eine Trias transponiert, von Cooper auf einzelne Indianer übertragen, von May auf das gesamte untergehende Volk der Indianer ausgeweitet und verchristlicht, unterlag einem ständigen Wandlungsprozess und stürzte aufgrund seiner Überhöhung bei Winnetou radikal ab. Der Fremde, der rote edle Mann, wird erst mit seinem Bekenntnis zum Christentum, hier von Winnetou vorgeführt, zu einem ganzen vollwertigen Menschen. Der weiße und rote Mann bilden nur auf der Basis des gemeinsamen Glaubens eine Einheit.

Die Traditionslinie den Fremden nach europäischen Maßstäben zu bewerten im Mittelalter bereits fassbar wird auch bei Karl May, einem Autor, der ins 20. Jahrhundert reicht und zur Moderne zählt, nicht durchbrochen, sondern fortgeführt. Der Indianer und auch der Heide können nur vor dem westlichen Menschen bestehen, wenn sie beide die Überlegenheit der christlich - abendländischen Kultur akzeptieren, die elementaren Kulturgüter erlernen, sich der christlichen Religion beugen und dem Tugendkatalog der westlichen Welt entsprechen.

Kann hier überhaupt von einem interkulturellen Dialog in der Literatur gesprochen werden? Entspringen diese Fremdheitsbilder nicht der reinen Phantasie des Autors? Ist deren Hauptintention nicht die gemeinsame Verbrüderung der Welt auf der Basis des christlichen Gemeinschaftsgeistes? Wird die christliche Grundhaltung nicht als eine Saugkraft skizziert, die andere Kulturen geradezu in sich hineinzieht, weil sie das unchristliche Fremde neben sich als gleichwertig nicht bestehen lassen will?

In diesen aufgeführten Beispielen wird sehr deutlich, dass aufgrund dieser immensen christlich zentrierten Haltung fixiert auf Missionsdrang der abendländischen Kultur eine echte Auseinandersetzung mit fremden Kulturen in der gegenseitigen Achtung auf literarischer Ebene damals kaum bis nicht möglich war.
Dieses Faktum des Überlegenheitsgefühls prägt leider auch heute noch das westliche Bewusstsein im Umgang mit fremden Kulturen und wird mit dem Terminus bzw. Schlagwort Eurozentrismus betitelt.

III. Interkulturalität in der Kinder- und Jugendliteratur

III.1. Ausgangsbedingungen

III.1.1. Die heutige Kinder- und Jugendliteratur als besondere Variante der Erwachsenenliteratur

Es ist notwendig, sich die augenblickliche Situation der Kinder- und Jugendliteratur, vor allem die Abhängigkeit von der Erwachsenenliteratur, vor Augen zu führen, in der sich momentan die Kinder- und Jugendliteratur befindet und die bestimmte Erwartungen an die Kinder und Jugendlichen stellt, ferner auch Normen impliziert, um die Ausgangsbasis für den interkulturellen Dialog in der Kinder- und Jugendliteratur zu verstehen, besonders was das Faktum des Einbezugs von Themen aus den außerliterarischen Diskursen betrifft.

Die Zeit der Aufklärung als Zeit der Entdeckung des Kindes durch Rousseau gilt auch als die Zeit der Entdeckung des Kindes als Leser. (34).

"Wie Pilze nach einem milden Sommerregen schossen die Beispiele der Weisheit und der Tugend, die Moral in Beispielen, die Sittenspiegel, die Taschenbücher und Almanache und Reisebeschreibungen und Kinderdramen usw. hervor."
(zit. nach Maier Karl Ernst, Jugendschrifttum, S. 179).

Kinderliteratur wurde an ihrem erzieherischen Wert und dem erhobenen pädagogischen Zeigefinger gemessen und beurteilt. Grundsätzlich galt die alte Formel *"zur Lehre und zur Ergötzung"* auch für die nachfolgenden Epochen und wird teilweise noch heute zur Beurteilung von guter Jugendliteratur miteinbezogen.(35).
Interkulturalität als eigenes Erziehungsfeld mit dem Ziel der gegenseitigen Achtung von Kulturen in der Literatur zu betrachten ist ein relativ junges

Unternehmen trotz berühmter Klassiker wie "Heidi", "Winnetou", "Robinson" etc. Die heutige moderne Kinderliteratur ist eingebunden in das Spannungsfeld zwischen den Ansprüchen der Erwachsenen, was ein Kind zu lesen hat, und den Ansprüchen des Kindes als Leser. Wie Fährmann in seinen Thesen zum Leseverhalten der Kinder und Jugendlichen bemerkt, stellt die Kinderliteratur eine Kommunikationsbrücke zwischen den Generationen dar und kann als besondere Form der Erwachsenenliteratur definiert werden.

Auch Rösch weist daraufhin, dass die Kinderliteratur mehrfach adressiert ist und der Erwachsene als ein im Text verankerter Mitleser zu betrachten ist.(36).

Als verbindendes Element zwischen den Generationen gilt der Text mit seinem eingearbeiteten Variantenreichtum an Bildern, Wörtern, traditionellem Märchen- und Mythengut. Kinderliteratur als besondere Variante eines Kulturträgers, ein noch nicht emanzipierter Unterbereich der Erwachsenenliteratur, erfordert ein hohes Maß an Sprachkompetenz im mündlichen wie im schriftlichen Gebrauch. Jedes Kind dieser Gesellschaft ist verpflichtet auch im globalen Kontext mit anderen Kulturen, die elementaren Kulturgüter wie Lesen und Schreiben zu erlernen, eine festgesetzte Schulzeit zu absolvieren und sich einen bestimmten Bildungshorizont zu erarbeiten. Dem Lernenden wird dabei suggeriert, dass er nur durch diesen Erwerb gesellschaftstauglich und überlebensfähig wird. Durch seinen erworbenen Bildungsstand ist er fähig, sich eine adäquate Existenz aufzubauen. Bildung bedeutet Habitus. Den Kindern werden seit ihrer Geburt diese Pflichten auferlegt, denen sie zu entsprechen haben. Sie sind Azubis im Lernen. Die hohen Ansprüche an den Sprach- und Schrifterwerb der Kinder verlängern die Zeit der Adoleszenz. Es entsteht eine Disharmonie zwischen der wirtschaftlichen Mündigkeit und der biologischen Reifung. Dieses Spannungsfeld wirkt sich auf die Entwicklung des Leseverhaltens von der Lesekindheit an bis zur Erwachsenenbuchkultur aus. Kinder sind aufgefordert, um ihren eigenen Ansprüchen gerecht zu werden, ihre eigene Lesekultur schaffen zu müssen. Die geschriebenen Texte in der Kinderliteratur werden dadurch zum Spiel- und Exerzierfeld einer zu erprobenden Kinderkultur, die vonseiten der Erwachsenen nur als ein Randgebiet registriert wird. Kinderlesewelten werden nicht allzu ernst genommen und als trivial eingestuft. Diese Auffassung kontrastiert mit der konservativen traditionellen Einstellung zum pädagogischen Zweck der Kinderliteratur, wie sie im Bildungsbürgertum charakterisiert wurde. Das moderne Verständnis gegenüber der Kinderliteratur erkennt in dieser Literatur Projektionen, die so von den Autoren geformt und strukturiert sind, dass sie für die Kinder eine Art literarisches Traumland darstellen. Der pädagogische Zweck wird weitgehend negiert, d. h. aber nicht, dass er dennoch nicht vorhanden sein darf.

Kinder haben nun die Aufgabe anhand ihrer Lesekompetenz, diese Bilder und Zeichen, die diese imaginäre Welt auf dem literarischen Spielfeld durchwandern, zu entschlüsseln. Das Problem besteht in der kulturellen Abhängigkeit des Kindes an die Erwachsenenkultur, d. h. diese Traumwelt wird von Erwachsenen durch die Wahl ihrer Chiffren vorgegeben. Kinderliteratur wird durchweg nur von Erwachsenen produziert, die wiederum abhängig von ihrem gesellschaftlichen Umfeld sind.

Kann nach diesen Folgerungen überhaupt eine Kinderliteratur an sich existieren? Ist es möglich, eine Kinderlesekultur auf der Basis der Kinderverständlichkeit zu entwickeln ohne sie ständig durch die Schablone der Erwachsenenkultur pressen zu müssen?

Betrachtet man die Entwicklungen in der Literatur allgemein während der letzten Jahre, lässt sich feststellen, dass sich in der Kinderliteratur dieselben Veränderungen zeigen wie in der Erwachsenenliteratur: Tabus in Inhalt und Sprache werden durchbrochen, Realität in der harten Ausprägung darzustellen gilt als oberster Leitsatz, neue Formen besonders in der Kinderlyrik werden erprobt, eine neue Textsortenvielfalt löst die traditionellen Kinderliteraturgattungen ab. Dieser Prozess wurde und wird von Erwachsenen initiiert und diktiert.

Werden Kinder nach ihren individuellen Lesebedürfnissen gefragt?
Der Erwachsene nicht das Kind handelt aus einem neuen literarischen Verständnis heraus. Dies erzeugt einen neuen Kanon an Ansprüchen für zu erwerbende Fähigkeiten der Lesekompetenz in der Schriftkultur, denen Kinder zu genügen haben.

Die neuen Lernziele der Kinder und Jugendliche lauten, um die moderne Kinderliteratur angemessen verstehen zu können: Umfassendere Lernziele in gehobener und erweiterter Sprachkompetenz, erweitertes Alltags- und Weltwissen, Kenntnis neuer Textsorten und Gattungen, ethnologische Kenntnisse, Kulturwissen, Fähigkeit zur literarischen Analyse u. v. m. Der Kanon der Fähigkeiten, die einen vernünftigen und verständnisvollen Umgang mit der neuen Kinderliteratur bewerkstelligen sollen, lässt sich je nach dem zu lesenden Text erweitern. Für die Interkulturalität in der Kinderliteratur bilden die neu zu erwerbenden Fähigkeiten und die aktuellen Lernziele ein positives und aussichtsreiches Fundament.

Es ist eindeutig, dass in diesem Prozess Erkenntnisse der Leseentwicklung der Erwachsenenkultur auf die Kinderliteratur übertragen wurden und werden. Der Grund dafür mag vielleicht darin liegen, dass man die Kinderliteratur in den 80-er Jahren als furchtbar rückständig und in den rassistischen Mustern als zu festgefahren empfand. Sie klebte noch zu sehr an den Idealen der Welt der Bürgerkultur des 19. Jahrhunderts fest. Man suchte nach Lösungen und fand sie in der Erwachsenenliteratur. So begann man die Kinderliteratur durch das Auffüllen von neuen Formen zu modernisieren. Als oberstes Ziel galt und gilt nun durch diese neue Art an Literatur die Dynamik und das kognitive Potential im Kind zu fördern.(37).

Ein neuer wiederum durch Kreativitätsbewusstseinsbildung erweiterter Lernzielkatalog wird an die Kinder herangetragen, der weit über das Maß des Erlernens von elementaren Kulturtechniken hinausgeht. Kinderliteratur entfaltet sich auf dem anthropologischen Grundverständnis der Erwachsenen zur eigenen Literatur und ihrem gesellschaftlichen Bezug, die an die Kinder wiederum immer neue Ansprüche stellen, um sie in die Kultur integrieren zu können, die jedoch der Vorstellungswelt der Erwachsenen entspringen.

Bleiben Kinder denn nicht dadurch weiterhin formbarer Lehm in der Hand der erziehenden Erwachsenen? Werden Kinder nicht wieder wie damals in der Zeit vor Rousseau als kleine Erwachsene mit Defiziten gesehen, wo es gilt, mit Kulturpflichten diese Defizite auszugleichen bzw. auszumerzen? Wo steht das Kind, das nach neuesten Erkenntnissen kulturell anders zu beurteilen ist als die Erwachsenen? (38). Stehen die heutigen Kinderbuchautoren nicht doch noch auf dem gleichen Bildungsstand wie zu Zeiten von Herbart und schrecken davor zurück, sich auf das Experiment Kinderliteratur für Kinder einzulassen?

Herbart schrieb damals, was durchaus noch heute für das Verfassen von Kinderliteratur gilt:

" Sieht man nicht die Weite zwischen dem Kinde und dem Erwachsenen? - Man sieht diese Weite; darum schreibt man eigene Bücher für Kinder, in welchen alles Unverständliche, alle Beispiele des Verderbnisses gemieden

werden, darum prägt man den Erziehern ein, ja herabzusteigen zu den Kindern, und in ihre enge Sphäre, es koste, was es wolle, sich hineinzupressen. - Und hier übersieht man........ dass man fordert, was nicht sein darf, was die Natur unvermeidlich straft; indem man verlangt, der erwachsene Erzieher soll sich herabbiegen, um dem Kinde eine Kinderwelt zu bauen."
(zit. nach Ulrich Anna Katharina, Kinderliteraturforschung, S. 59).

Deutlich wird auch hier, dass die Welt, die den Kindern in der Literatur geboten wurde und wird, eine Welt war und ist, die von Erwachsenen für Kinder nach ihren Vorstellungen erschaffen wurde, indem der Erwachsene versuchte und weiterhin versucht, sich selbst in die Schablone einer fiktiven Kinderkultur zu pressen. Demzufolge kann eine Kinderliteratur, die dem Lebenshorizont von Kindern entspricht, ihren Bedürfnissen angepasst ist, kaum bis gar nicht existieren. Kinderliteratur ist ein reiner Spielball im suggestiven Erwartungshorizont, nämlich wie Kindheit zu sein und der Büchermarkt für die Kinder auszusehen hat, der erwachsenen Autoren.

Die Kinderliteraturforschung, die die Eigengesetzlichkeit der kindlichen Lesekultur begrüßt und die pädagogische Eigendynamik des kindlichen Leseverhaltens erforscht, steckt leider noch in ihren Anfängen. Eine Antwort und Lösung auf die aufgeworfenen Fragen und Problemfeldern sind erst in den nächsten Jahrzehnten zu erwarten.

Diese Ausgangssituation der Kinderliteratur für interkulturelle Dialoge erweist sich als sehr pessimistisch, weil die interkulturelle Kommunikation von der Sicht der Erwachsenen diktiert ist und den Kindern eine Lösung der interkulturellen Problematik präsentiert wird, die der Sphäre der Erwachsenenwelt entnommen ist und auf deren Vor- und Weltwissen basiert, das ein Kind noch nicht aufweisen kann. Die Folge kann sein, dass sich der kindliche und jugendliche Leser überfordert fühlt, sich selbst in den Büchern nicht finden kann und in Zukunft Bücher zum Thema Interkulturalität meiden wird.

III.1.2. Rassistische Strukturen

Jörg Becker machte Ende der 70-er Jahre auf Darstellungsmuster des Fremden in der Kinder- und Jugendliteratur aufmerksam, die mit rassistischen Vorurteilen bis zur degradierenden Darstellung anderer Kulturen besetzt sind.(39).
Schon allein diese Tatsache legt dar, wie sehr der interkulturelle Dialog in der Forschung bisher vernachlässigt wurde, so dass sich derartig strukturierte Webmuster trotz unseres heutigen aufgeklärten Denkens einnisten und von Generation zu Generation verhüllt transportiert werden konnten.
Erst in jüngster Zeit, seit auch der Anspruch auf die Entwicklung der interkulturellen Kompetenz in der Gesellschaft besteht, die Lernziele und der kulturelle Anspruch an die Kinder im Niveau gestiegen sind, und der Medienmarkt von Themen des interkulturellen Dialogs mit und ohne Wahrheitsanspruch in der Darstellung fast überschwemmt ist, wächst das Interesse an einer echten Darstellung des interkulturellen Dialogs in der Literatur.
Der Einbezug des Fremden in der Literatur muss aus seiner zwanghaft degradierenden, traditionellen Einordnung, aus seiner wetteifernden Abhebung von anderen Kulturen, von seiner egoistischen Selbstbehauptung befreit werden. Dies gilt für die Kinder-, Jugend- und Erwachsenenliteratur.
Im nachfolgenden Hauptpunkt IV wird dieses Faktum des beherrschenden Rassismus in der Literatur anhand von Beispielen beleuchtet werden. Aufgrunddessen wird hier auf eine weitere Darstellung verzichtet.

III 2. Der aktuelle Forschungsstand

Kinderliteratur wird heute entgegen der früheren traditionellen Sichtweise primär als Anleitung zum sozialen Lernen verstanden.(40). Anstelle der Funktion des moralisch - ethischen Erziehungsprozesses durch Literatur treten ab den 70-er Jahren vermehrt die sozial - politischen Wertschätzungen und Sozialisationsprozesse, die durch die Literatur unterstützt werden sollen.

Seit den 80-er Jahren besonders seit der Aufdeckung der rassistischen Muster rückt der interkulturelle Dialog in der Literatur immer wieder in das Zentrum vieler wissenschaftlicher Untersuchungen. Kinderbücher, die zur Lösung von Integrationsproblemen von Ausländerfamilien beitragen sollten, schossen wie Pilze aus dem Boden. Moderne Kinderliteratur drohte zunehmend als ein politisches Machtinstrument mit einer pädagogisch - suggestiven Wirkung, das die Bewusstseinsbildung der Jugend forcieren und beschleunigen soll, missbraucht zu werden. In diesem Prozess der Machtzuweisung wurden sehr schnell Gefahrenzonen in der Darstellung der Interkulturalität sichtbar. Aufgrund der Analyse vieler moderner Kinder- und Jugendbücher ergibt sich folgendes Ergebnis (41):

Die interkulturelle Problematik wird nur versteckt skizziert, indem die Autoren Weltausschnitte verschiedener Gruppen thematisieren anstatt die aktuelle Problemsituation zweier unterschiedlicher Kulturträger. Demzufolge weisen viele Texte nur ein geringes Maß an interkulturellen Perspektiven auf. Ein echter Einbezug von Lebenswelten anderer Kulturen fehlt häufig. Die interkulturelle Problematik wird, wenn sie dargestellt wird, nicht aus der direkten Konfrontation verschiedener Gruppen oder Individuen inszeniert, sondern aus transportierten Vorurteilen, subjektiven Ansichten des Autors, die den interkulturellen Dialog mehr verschleiern als erhellen, rassistischen alten Webmustern, historisch gewachsenen Feindschaften und in global gültigen Generationskonflikten abgebildet. Die Intention des Autors zielt oft nicht auf die Darstellung des toleranten Zusammenlebens von Kulturen, wie es in den Zielen von interkultureller Erziehung gefordert wird, sondern eröffnet meist die Möglichkeit der kritischen Reflexion zu den bestehenden Ausgrenzungen, was für das ältere Lesealter positiv zu bewerten ist, für das frühe und junge Lesealter jedoch nicht gelten kann, da dieser Leserschaft das Vor- und Weltwissen fehlt und demzufolge die Gefahr einer Überforderung besteht.

Diese Ergebnisse zeigen die Sackgasse auf, in der sich die interkulturell ausgerichtete Kinder- und Jugendliteratur befindet. Verstärkt wird dieser Zustand noch dadurch, dass viele Autoren zweck- und funktionsgebunden schreiben. Ohne dass auch die Autoren sich besinnen und bereit sind, sich von ihrer herkömmlichen engen Sichtweise zu lösen, kann kaum auf eine altersgemäße korrekte Darstellung des interkulturellen Dialogs in der Literatur gehofft werden.

Interkulturalität fordert in erster Linie von Autoren fundiertes Wissen um die Lebenswelten vieler Kulturen, Religionen und Naturgegebenheiten und ein affektiv empathisches Verstehen der interkulturellen Problematik auf der Basis des friedvollen Begegnens. So positiv dieser Anspruch an die Autoren klingen mag, so enthält er doch wiederum Gefahren. Haas nennt diese Abrutschstellen *Helfersyndrome*, wie sie sich besonders in der Dritte - Welt - Problematik bereits gezeigt haben.(42). Becker und Lauter haben aufgrund dieser Tatsachen einen Kanon an Erwartungshaltungen für die Autoren erstellt, der prophylaktisch gegen überzogene Helfersyndromatik wirken soll. Dieser Kanon lässt sich beliebig auf alle übertragen, die sich dem interkulturellen Dialog widmen, da der Kollektivbegriff Dritte - Welt sich auf Länder mit anderer Kultur, die jedoch als rückständig empfunden wird, bezieht.. Der programmatische Forderungskatalog lautet:

" *- Ethnologische, soziologische, historische und länderkundliche Studien und Quellen sind in breiterem Umfang wie bisher vom Autor zu berücksichtigen.*

- In der Darstellung der Dritten Welt und ihrer Bewohner muß die prinzipielle Andersartigkeit im Vergleich zu den uns bekannten Lebensformen deutlich werden. Diese Andersartigkeit soll funktional erklärt und als Ausdruck (positiv zu wertender) menschlicher Vielfältigkeit verstanden und wiedergegeben werden.

- Die Begegnung zwischen Europäer und Menschen der Dritten Welt hat sich an einem Dialogmodell zu orientieren, das wechselseitige Lernprozesse vermittelt.

- *Übersetzungen von Kinder- und Jugendbüchern aus verschiedenen Ländern der Dritten Welt sollen speziell gefördert werden."*
(zit. nach Haas Gerhard, eigene Welt, S. 214 f).

Diese Forderungen und Erwartungshaltungen bezeugen die pädagogische Dimension, die der Kinderliteratur heute mehr denn je beigemessen wird. Von den Autoren werden ganz klare Richtlinien im Bezug auf ihre Wertschätzung gegenüber anderen Kulturen gefordert. Die fremde Kultur hat als gleichwertig zur eigenen zu gelten. Ein hierarchisches Schema der Kulturen, wie es Darwin aufstellte, muss negiert und nivelliert werden. Die Kinderliteratur wird in diesem Prozess der emanzipatorischen Aufwertung aller Kulturen als wichtiges bewusstseinsbildendes Medium angesehen. Doch muss die Literatur zuerst von gängigen Argumentationsmustern, die auf Vorurteilen basieren und sich in fünf Syndromen zusammenfassen lassen, gereinigt werden. Sie lauten:

" - *Das Vermeidungssyndrom*. Es ist gekennzeichnet durch die völlige Ausklammerung von Konflikten. " Bücher mit diesem Syndrom gehen davon aus, dass Konflikte in der Kinderwelt nichts zu suchen haben."

- *Das Abenteuersyndrom*, demzufolge Konfliktdarstellungen "den Prinzipien von Abenteuer-, Kriminal- und Trivialliteratur" folgen und durch das die Dritte Welt zur Abenteuerkulisse degradiert wird.

- *Das Harmonisierungssyndrom*. Konflikte werden durch Propagierung eines idyllischen Patriarchalismus oder durch mitmenschliche und partnerschaftliche Beziehungen zwischen Bewohnern der Dritten Welt und Europäern gelöst.

- *Das White Man`s Burden- Syndrom*. Konflikte haben ihre eigentliche Ursache in Gegebenheiten der Dritten Welt selbst, und der Europäer hat die Aufgabe, sie zu einem guten Ende zu bringen.

> - *Das Oasen-Syndrom*: Hier werden Konflikte auf einzelne Figuren reduziert, d.h. was geschieht, ist nicht Ausfluss eines allgemeinen, sondern lediglich eines individuellen Problems."

(zit. nach Haas Gerhard, eigene Welt, S. 215 f).

Diese Syndrome zeigen die Probleme für eine gekonnt zu inszenierende Darstellung interkultureller Problematik auf. Literatur allein auf die Rolle eines Entwicklungshelfer zu reduzieren ist nicht möglich. Sie verfällt sofort der kritischen Bewertung, weil in diesem Helfersyndrom Entwicklungshilfe eine Degradierung der fremden Kultur verhüllt und verkleidet enthalten ist. Nach Haas befindet sich die Literatur nicht auf dem Weg zu einem interkulturellen Dialog, sondern auf der Suche nach dem, was fremd bedeutet.(43). Er schreibt:

" Das bedeutet, daß das Kennenlernen der anderen Kulturen und Menschen und Lebensformen jedem aktiven Handeln und Eingreifen voranzugehen hat, bedeutet ein Wahrnehmen, ohne vorschnell mit guten Ratschlägen zur Hand sein zu wollen, bedeutet von vielen Überlegenheitsgefühlen Abschied zu nehmen und bedeutet alles in allem ein Messen des Fremden nicht am eigenen, sondern an den Formen und Bedingungen eben dieses als gültig akzeptierten Fremden."
(zit. nach Haas Gerhard, eigene Welt, S. 217)

Die Darstellung fremder Welten erfordert vom Autor einen massiven Perspektivenwechsel zum Fremden hin, der anscheinend kaum zu bewältigen ist, wie die Analysen bekunden. Das authentisch Fremde kann nur von einem Mitglied dieser fremden Kultur korrekt literarisch inszeniert werden.
Doch auch so positiv und einleuchtend diese Lösung klingen mag, birgt sie wieder eine neue Gefahr in sich. Der Angehörige der fremden Kultur muss einen Transferprozess leisten, will er seine Kultur der anderen Kultur verdeutlichen. Es muss eine Kommunikationsebene auf der Basis der Verständlichkeit fremder Symbole und Kultureigenheiten geschaffen werden. Das Fremde muss vom Fremden in die Vorstellungs- und Begriffswelt seines Adressaten transponiert werden. Wird dieser Transferprozess durch Nichtwissen des Autors ausgeklammert, entstehen auf der anderen Seite der fremden Kultur genau dieselben Gefahrenpunkte wie vorurteilsbehaf-

tete Argumentationsstrukturen, der Aufbau von massiven Klischeeurteilen etc.

Der interkulturelle Dialog wird zur nicht- korrekten bis degradierenden Beurteilung von Kulturen missbraucht. Dies bedeutet, dass die zu umgehende Gefahr durch diese Art der Lösung, den Fremden selbst über sich und seine Welt zu Wort kommen zu lassen, nur verschoben und nicht beseitigt wird.

Aufgrund dessen lässt sich an jeden Autor, der in seinen Werken Interkulturalität thematisiert, gleich welchem Kulturkreis er angehört, die Forderung richten, seine eigene ethnozentrierte kulturgeprägte Haltung, die sich in seinem Überlegenheitsstatus und Bewertungsmaßstab zeigt, den er in der Beurteilung einer fremden Kultur anwendet, zu durchbrechen, sich anderen Lebenswelten objektiv und vorurteilsfrei zu öffnen, sich empathisch mit ihnen zu beschäftigen und auf der Basis des Ziels des Friedens aller Kulturen untereinander Texte zu verfassen.

Es stellt sich nun die Frage, inwieweit nun wirklich durch diese Forderungen Spiel- und Verständnisräume für den interkulturellen Dialog in der Literatur geschaffen werden können. Da dieses Forschungsfeld noch relativ jung ist und es an empirischen Ergebnissen fehlt, wird diese Frage erst in ein paar Jahrzehnten beantwortet werden können.

IV. Die außerliterarischen Herkunftsdiskurse: Der Begriff Kultur im Spannungsfeld seiner Deutungsmuster und seine Auswirkungen auf die Autoren

Individuelle Definitionen von Kulturen prägen die heutigen Vorstellungswelten der Autoren und Leser in ganz unterschiedlicher Weise. Sie sind Hilfen und Strukturmuster für die Konstruktion der Wirklichkeitswahrnehmung, was Kultur betrifft, besonders in der Bewertung des Menschseins zu seiner Umwelt. Bilder und Vorstellungen können jedoch auch unvollständig und falsch sein. Sie bedingen Folgen, indem sie Modelle erzeugen und sich zu festgefahrenen Webmustern wie rassistische Strukturen verhärten können. Sie leiten und beeinflussen das Denken und Handeln der Leser ohne eine eigenständige Reflexion zum Thema Interkulturalität zu erwecken.

Was ist Kultur? Meist werden stillschweigend bekannte Definitionen vorausgesetzt. Kultur ist ein sehr vager Begriff, bedenkt man, dass anthropologische, politische, soziologische und ethnologische Studien im Laufe vieler Jahrzehnte versucht haben und weiterhin versuchen in alten und modernen Denkhorizonten, den Begriff Kultur zu klären.
Die Debatte ist zwischenzeitlich unüberschaubar geworden. Der Begriff verführt dazu, "Kultur", "Rasse", "Religion", "Ethnie", "Sprache", "Nation" als Synonyme einzusetzen, was die Gefahr impliziert, den Begriff Kultur völlig zu entwerten.

Diese grobe Vermischung schlägt sich in der Literatur nieder, in der durch Interpretation und Analyse von kulturellen Interaktionen verschiedene subjektive Grundhaltungen der Autoren, die keineswegs kongruent sind, offenkundig werden, die wiederum den Verlauf und die Zielsetzung des gewählten kulturellen Dialogs und die Rolle der Kulturen bestimmen.
Dies verwundert nicht, da der Begriff in seiner Grundbedeutung bereits mehrdeutig und unklar ist. Dies betrifft nicht nur das Alltagsdenken, sondern auch die wissenschaftliche Reflexion.
Ganz allgemein bezeichnet der Kulturbegriff einerseits einen positiv besetzten partiellen Bereich einer Gesellschaftsform, andererseits umfasst er als eine Art Oberbegriff sämtliche gesellschaftliche Aspekte und soziale

Gruppierungen. Schließlich wird er als politisches Konzept betrachtet, das das Element Macht impliziert und "die Kultur" den Mitgliedern der Gesellschaft vorschreibt und aufoktroyiert (nach Brockhaus, Meyer, u. a. allgemeinen Lexika).
So formuliert stellt Kultur nicht nur einen Werte-, sondern auch einen Ordnungsbegriff dar. Diese Mehrdeutigkeit führt in den Wissenschaftsdisziplinen oft zu fatalen Missverständnissen und Folgen, so dass z.B. Luhmann in dem Begriff Kultur einen der schlimmsten und gefährlichsten Begriffe erblickt.

Diese Problematik um den schwer zu bestimmenden Begriff Kultur fordert eine genaue Analyse der Themen zum interkulturellen Dialog heraus, um die Rahmenbedingungen, in denen die kulturelle Interaktion stattfindet, zu erkennen.
Den Autoren, denen jeder Freiheits- und Möglichkeitsraum gegeben ist Interkulturalität nach ihrem Weltwissen darzustellen, muss bewusst sein, welchen Kulturbegriff sie verwenden, für welches Thema der interkulturellen Interaktion sie sich entscheiden, welchen außerliterarischen Diskurs sie wählen und ferner welcher Gefahr sie ausgesetzt sind, weil sie Fehlinterpretationen beim Leser provozieren, Manipulationen an den Kulturen eigenwillig vornehmen und Konflikte mit destruktiven Denken besetzen können.
Der heutige Trend in der interkulturellen literarischen Szene neigt dazu, den interkulturellen Dialog als Illusion von Seriosität und Bedeutsamkeit zu missbrauchen, um den Verkauf der Bücher zu steigern, so dass der interkulturelle Büchermarkt der Versuchung verfällt, Interkulturalität als ein ökologisches Werbeprodukt anzubieten anstatt auf Authenzität in der Darstellung fremder Lebenswelten zu achten.
Interkulturalität in der Literatur ist eine geistige Gratwanderung, die ein intensives empathisches Einarbeiten in eine fremde Kultur voraussetzt, um die neue Existenzform der interkulturellen Begegnung ernsthaft zu begründen, deren Erfolg und Misserfolg letztendlich von der Leseerfahrung und dem Weltwissen des Lesers abhängen.

Insgesamt lassen sich die Vielzahl der Deutungsmuster und die Darstellung des interkulturellen Dialogs in vier Hauptkategorien von außerliterarischen wissenschaftlichen Diskursen und den daraus ableitenden Autorenhaltungen zu ihrer Auffassung, was Kultur ist und wie die Interaktionen der Kulturen strukturiert sind, zusammenfassen, die dem Verständnis aus den Wissenschaftszweigen Pädagogik, Soziologie, Politologie und Ethnologie entnommen sind und die demonstrieren, wie hoch die Ansprüche, das Niveau und die Ziele in der Kinder- und Jugendliteratur für den interkulturellen Dialog gesteckt sind.

IV.1. Das pädagogische Verständnis

IV.1.1. Interkulturalität anhand der Gleichberechtigung der Kulturen

Der Autor, der eine Begegnung von Kulturen anhand pädagogischer Denkweisen inszeniert, Themen und Problemkreise des interkulturellen Dialogs aus diesem außerliterarischen Bereich erwählt, orientiert sich an einem Kulturbegriff, der in der pädagogischen Wissenschaft entwickelt wurde und teilweise auch in das Alltagsbewusstsein Eingang gefunden hat. In diesem Denkhorizont wird der Mensch von Natur aus als ein Kulturwesen erachtet, der seine kulturelle Lebensweise über verschiedene Entwicklungsstufen teils durch erzieherischen Einfluss teils durch eigene Reflexion erst erlernen muss.

Kultur wird als die Daseinsform definiert, die den Menschen vom Tier unterscheidet.(44).

Gehlen versteht Kulturwesen doppeldeutig: Einerseits erzeugt der Mensch die Kultur selbst. Die Resultate dieser schöpferischen Prozesse werden in Schrift konserviert und als Kulturgüter tradiert. Andererseits ist der Mensch aber auch das Resultat seiner Kultur, weil er sich der tradierten und somit vorgegebenen Kulturschablone anpasst. Zwischen Mensch und Kultur existiert ein Wechselverhältnis, das zirkelhaft in geschichtliche Prozesse eingebettet ist und aufgrund des geschichtlichen und geographischen Wandels nicht die eine Kultur hervorbringt, sondern eine Pluralität von Kulturen erzeugt, deren Kulturvarianten als charakteristische, daseinserhellende und lebensnotwendige Strategien für den Erhalt des Lebenswillen des Menschen gesehen werden.

Diese Pluralität der vielfältigen kulturellen Lebensstile ist das wichtigste anthropologische Merkmal schlechthin.(45). Der Anpassungsprozess des Menschen an die ihn direkt umgebende Kultur wird als Enkulturation definiert und beinhaltet noch darüber hinaus die Aktivierung kultureller Aktivität und Kreativität.(46).

Die wichtigsten Aspekte einer Kultur, die es zu erlernen gilt, stellen nach Loch die Sprache mit ihren Begriffen, Wahrnehmungen und Gefühle, moralische Normen und Verhaltensmuster, emotionale Expressivität, soziale

Institutionen mit ihren Regeln, Rollen und Kommunikationsvorschriften, Jurisdiktion, geregelte Arbeits- und Wirtschaftsformen, Symbolsysteme, Kulte und Religion dar.(47).

Durch das Erlernen dieser spezifischen kulturellen Erfahrungen und Techniken entwirft sich der Mensch selbst eine spezifische kulturelle Lebensweise und formt seinen individuellen Kulturcharakter aus, der wiederum in einem Abhängigkeitsverhältnis zur übergeordneten Kultur steht. Das Dasein des Menschen wird durch eine dialogische Existenz bestimmt zwischen sich selbst und der ihn umgebenden Kultur, wobei diese Kultur variieren kann. Die dialogische Existenz ist nicht auf eine Kultur fixiert, vielmehr findet dieser dynamische Prozess in allen Kulturen ständig statt. Sie befähigt den Menschen im Anpassungsverhalten an verschiedene Kulturen sich selbst zu erhöhen, indem der Mensch sich immer wieder neuen Anforderungen stellt, dazu bereit ist, sich die dementsprechenden Kulturgüter anzueignen, und letztendlich diese Enkulturationsprozesse als flexible und dynamische, positiv besetzte Prozesse empfindet.

Autoren, die sich von einem pädagogischen Verständnis des Kulturbegriffs leiten lassen, bemühen sich, in ihrem Werk den Enkulturationsprozess zu thematisieren, der sich nicht als Dialog zwischen dem Menschen und einer Kultur, sondern im Dialog mit zwei Kulturen vollzieht.
Der Mensch soll nicht als Produkt eines Enkulturationsprozesses, sondern in seinem dynamischen Anpassungsverhalten an die jeweilige Umwelt charakterisiert werden, indem Probleme und neue Aufgabenbereiche, die die fremde Kultur stellt, aufgezeigt werden, die zu lösen sind.
Die Autoren stellen den Fortschritt ihres Protagonisten, den er während eines Enkulturationsprozesses in einer fremden Kultur erzielt, in den Vordergrund. Der Fortschritt wird durch den dialogischen Prozess zwischen dem eigenen Ich des Protagonisten und der fremden Kultur erzielt. Während dieses Prozesses wird der Protagonist als Grenzgänger zwischen beiden Kulturen skizziert. Das daraus entstehende Konfliktpotential wird positiv bewertet und dient der raschen Fortführung des Enkulturationsprozesses. Das Ziel dieser Enkulturation zeichnet sich wie folgt ab: Durch diese Zwischenexistenz in einer fremden Kultur wird eine neue Identität gewonnen, die später zu einer Erhöhung in der ursprünglichen Kultur führt, nachdem eine Rückkehr erfolgt ist, und einen positiven Einfluss auf die Kul-

turmitglieder ausübt. Dies kann zur Nachahmung anregen, ist aber nicht zwingend.

Als typisches Romanbeispiel dient *"Andschana"* von Roeder - Gnadeberg. Die Autorin inszeniert das Schicksal eines sehr armen indischen Waisenmädchens Andschana, - der Name bedeutet die mit den schönen Augen - , die in Deutschland durch den Gewinn einer neuen Identität dazu fähig wird ohne ihre indische Herkunft verleugnen zu müssen das Krankenschwesterexamen mit Auszeichnung zu bestehen, um in ihrer Heimat produktiv tätig zu werden. Nur durch diese Art der Erhöhung gelingt es dem Mädchen in ihrer Heimat aus dem Kastenwesen auszubrechen und sich doch wiederum mit Hilfe der anderen Kultur den Anforderungen ihrer kulturellen Heimat von einer anderen Lebensbasis und Perspektive aus zu stellen.

In anderen Romanen, die ähnliche Handlungsmuster aufweisen, wird der Dialog zwischen dem Protagonist und den Kulturen positiv gewertet und innerhalb der Kulturen nicht hierarchisiert. Jede Kultur bleibt in ihrem speziellen Wert und ihrem Erscheinungsbild erhalten und kann aufgrund dieser Formung Mitgliedern von Kulturen helfen ohne eine fremde Lebenswelt degradieren zu müssen sich in der eigenen Kultur zu etablieren und weiter zu entwickeln.

Bücher dieser Kategorie sind stets positiv zu bewerten, da sie ein tolerantes Verständnis gegenüber Kulturen fördern, indem sie positive Lösungsmuster in der Auseinandersetzung zwischen den Kulturen demonstrieren

IV.1.2. Der kulturelle Dialog aufgrund der hierarchischen Stellung der Kulturen zueinander

Es existiert eine andere pädagogische Bedeutungsvariante im Verhältnis der Kulturen untereinander, die auf die Kulturstufentheorie zurückführbar ist und oft von Autoren im ausgehenden letzten Jahrhundert zur literarischen Inszenierung herangezogen wurde. Sie zeigt eine massive Hierarchisierung der Kulturen, die aufgrund ihrer typischen Lebenswelt dazu benutzt

werden, Entwicklungsstufen des Kindes bis zur Adoleszenz zu beschreiben.
Rousseau spricht in seinem Werk "Emile" bereits von drei geistigen Stufen des Kindes, die an kulturelle Lebensweisen erinnern: die Stufe des Wilden, des Robinson und der Odysee.
Darwin, der in seiner Grundidee der Evolutionstheorie davon spricht, dass sich höhere Formen des Lebens aus weniger differenzierten Daseinszuständen entwickeln, legte den Grundstein zu einer wertenden Haltung gegenüber der Vielfalt der existierenden Kulturen.
Ernst Haeckel, der an Darwin anknüpfte und sein biogenetisches Gesetz formulierte, dass die Ontogenese die kurze Rekapitulation der Psychogenese darstellt, zeigte auf, dass in der Entwicklung des Kindes verschiedene Kulturstufen, die mit der Stammesgeschichte der Menschheit verbunden sind, durchlaufen werden. Das Kind erscheint wie ein Fremder aus einer anderen archaischen Kultur, das taktvoll und voller Mitgefühl in die höhere Kultur eingeführt werden muss.
Stanley Hall erweiterte dieses biogenetische Grundgesetz von Haeckel zu seinem psychogenetischen Gesetz, das besagt, dass auch die Merkmale des Temperaments und des Gefühlslebens der Menschen durch den Einfluss der Existenz vergangener Kulturen im Menschen selbst angelegt sind. Diese Wurzel des seelischen Lebens ist sehr bedeutsam, weil sie die gemeinsame Basis der Tiefenstrukturen des seelischen Lebens der Menschen als verbindendes Erbe der Phylogenese ohne Unterschied zu den sich daraus entwickelnden Kulturen betonen. Demzufolge entspricht jede Entwicklungsstufe der Menschheit einer früheren. Das Kind durchläuft diese Stufen bis zur Adoleszenz, schließt die Rekapitulation der Phylogenese mit Eintritt in die Reifezeit ab und erhält die Chance eines Neubeginns. Die kulturelle Entwicklung ist nach Hall offen. Jede Generation hat die Möglichkeit, die eigene Kultur in ihrer Entwicklung nach oben zu treiben und sie massiv zu erhöhen. Diese Theorie wurde von Kroh und Gesell weitergeführt (48).

Großen Einfluss nahm diese Theorie auf die Kinderliteratur. Gattungen wie Jagdabenteuer-, Indianerabenteuer- und Seeabenteuerbücher schossen Ende des 19. Jahrhunderts wie Pilze aus dem Boden und stellten sich gleichwertig neben die bereits existierenden Robinsonaden. Sie sollten dem seelischen Bedürfnis des Kindes und Jugendlichen entgegenkommen, indem sie das thematisierten, was der jeweiligen Entwicklungsstufe entsprach, und eine literarisch inszenierte Begegnung mit einer archaischen oder nach der Kulturstufentheorie minderentwickelten Kultur boten.

Diese Einteilung und Wertung, was ein Kind zu lesen und wie sich die Kinder- und Jugendliteratur zu präsentieren hat, ist bis heute noch gültig, wie die bis in die 70-er Jahre alleingültige Einteilung in verschiedene Lesealter nach Charlotte Bühler und die Kategorisierung der Bücher in den Regalen der Kinderbüchereien dokumentierten.

Das Abenteuerbuch, das im Bühlerschen Robinson- und Heldenalter seine pädagogische Berechtigung erhält, gehört in seinen vielen Varianten zu den meistgelesenen Erlebnisbüchern.

Der interkulturelle Dialog in der Literatur, der aufgrund dieser Kulturstufentheorie erfolgt, hierarchisiert die dargestellten Kulturen. Die Interaktion zwischen den Kulturen wird in den literarischen Werken wie folgt dargestellt:

Der Protagonist kann sich nur weiterentwickeln, wenn er aus seinem jetzigen kulturellen Leben, das meist mit archaischen Strukturen durchsetzt ist, herausgenommen und in eine höhere Kultur verpflanzt wird, wo ihm die Möglichkeit gegeben wird, kognitive Fähigkeiten auszubilden.

Eine andere Variante findet sich in den Robinsonaden, bei denen der Mensch den Urzustand des menschlichen Daseins erkennt, sich einer gefahrbesetzten Situation stellen muss, ohne die Hilfe eines anderen und äußere Einwirkung durch Dritte einen weiteren Entwicklungsprozess durchläuft und dadurch dem biogenetischen bzw. psychogenetischem Gesetz entspricht.

Sämtliche Werkbeispiele, die im Kapitel zum Topos des edlen Wilden genannt wurden, fallen unter diese Kategorie des pädagogischen Verständnisses. Wichtig ist, dass die Darstellung des menschlichen Urzustandes, wie er in den Robinsonaden erlebt wird, oder seine Verkörperung bei den "edlen Wilden" eine reine Fiktion des Autors ist und nicht auf Realität beruht, sondern rein erzieherisch wirken soll.

Wertet man diesen Zugang zur Interkulturalität sehr streng, kann in derartigen Fällen nicht von echter Interkulturalität in der Literatur gesprochen werden, da sämtliche Kulturen bis zur letzten Kulturform, in die der Mensch hineingeboren wurde, in der Ontogenese des Menschen aufgrund der stammesgeschichtlichen Theorie verwurzelt sind und demzufolge kein

echtes Gegenüber bieten, sondern nur Projektionen vom Innern des Menschen nach Außen darstellen.
Es wird kein kultureller Dialog in Sinne der Fähigkeit des bifokalen Denkens inszeniert. Die fremde dargestellte Kultur ist eine Projektion des inneren Ichs des Protagonisten, um sich selbst in seiner eigenen Entwicklung begreifen zu können. Die interkulturell pädagogisch ausgerichtete Literatur in diesem Sinne versteht sich als reine Spiegelreflexion, die der Auseinandersetzung mit dem Fremden enge Grenzen setzt.

IV.1.3. Ein pädagogischer Sonderfall

Als letztes Beispiel sei noch der Kinderbuchklassiker *"Heidi"* erwähnt, der eine Sonderstellung einnimmt. Der Roman verbindet in seiner Intention geschickt beide pädagogische Varianten.
Ein Schweizer Bergkind lernt in der kalten engen bürgerlichen Großstadtsphäre Frankfurt die elementaren Kulturtechniken Lesen, Schreiben und Rechnen, um später in seiner Schweizer Heimat positiv Einfluss nehmen zu können. Aus einer naturgegebenen idyllischen Situation im Sinne von Rousseau, die von gesellschaftlichen Zwängen unberührt erscheint, hier die Alm des Großvaters, vertiert die Protagonistin gezwungen in eine andere für sie durch Dritte vorgegebene Kultur, eignet sich dort unter einem mit erheblichen Konfliktpotential gezeichneten Enkulturationsprozess, der mit einer tiefen Krise, wie sie auch in Robinsonaden gerne dargestellt wird, verbunden ist, hier die Mondsüchtigkeit Heidis, für sie sehr nützliche Kulturtechniken an, entwickelt sich dadurch kognitiv und intellektuell weiter und kehrt in das tägliche Leben ihrer ursprünglichen Kultur zurück, um diese durch ihre Fähigkeiten zu bereichern und neue Impulse zu setzen. Die Versöhnung beider Kulturwelten findet durch die Gesundung Klaras auf der Alm statt. Klara auf der Alm einem naturgemäßen Leben ausgesetzt lernt wie ein kleines Kind erneut das Laufen. In diesem Lernprozess wird der eigentliche Sinn des Gehens, nämlich dass Gehen zur Entdeckung der Natur nützlich ist und dass man durch Gehen die Schönheit der Natur erst richtig erkennen kann, pädagogisch miteingeflochten. Klara wurde auf ih-

ren Urzustand, der nur in der Schweizer Bergwelt erfahrbar ist, zurückgeworfen und konnte nur aufgrund dessen geheilt werden.
Beide Kulturwelten werden trotz der anfänglichen Wertung in ihrer positiven Funktion zum Menschen hin gezeichnet. Dieses Schema des Gegenseitig - Voneinander - Lernen- Könnens und des Wiederentdeckens der ursprünglichen naturgegebenen Lebensweise finden sich sehr häufig auch in der modernen Dritten - Welt - Literatur, um einerseits die Missionstätigkeit einer höher entwickelten Kultur zu legitimieren, um aber auch andererseits zu zeigen, dass eine höhere Kultur von einer rückständigen Kultur lernen kann, da jede Lebenswelt in sich positive Wirkungen auf den Menschen birgt, die nur entdeckt werden müssen. Ferner wird der Entwicklungshelfer oder Missionar einer einfachen für ihn primitiv erscheinenden Lebenswelt ausgesetzt, um sich seiner inneren ursprünglicheren Natur bewusst werden zu können.
Diese Mischform kann sich sehr positiv auf den interkulturellen Dialog auswirken und birgt viele Möglichkeiten der Darstellungen von bestimmten Problemen im Umgang miteinander, die niemals zu einer Überhöhung einer speziellen Kultur führen und dadurch dem egozentrischen Ausschlagen einer Kultur entgegenwirken.

IV.2. Die ethnologische Verständnisebene

Nach Plischke entstand der völkerkundliche Roman aus dem Indianerroman, der durch Cooper und Sealsfield initiiert worden war und später aufgrund von Goldfunden und dem Anreiz des Walfangs in Amerika mit ethnologischen Elementen ausgestattet wurde. Dieser neue Romantyp demonstriert in literarischer Ausgestaltung ein deskriptives Bild vom Leben und momentanen Kulturzustand eines Volkes wie auch das Einwirken eines fremden Volkes.

Im 18. Jahrhundert entstand ein weiteres Motiv, das im Laufe der Zeit ethnographisch auf die Literatur einwirkte. Man versuchte, eine ethnologische Entstehungsgeschichte der menschlichen Kultur an sich darzustellen. Geknüpft an dieses Motiv waren die berühmten Robinson - Romane, die ein bestimmtes Verhältnis des Menschen in seiner kulturellen Lebensweise zu seiner Natur zeigten und den Menschen als Kreator seiner eigenen Kultur präsentierten.

Von dieser Kombination Indianerroman und Robinsonade aus nahm der ethnologische Roman seine eigene Entwicklung.(49). Diese Gattung nahm im Laufe der Zeit immer mehr Motive aus der Welt der Exotik und des Primitiven auf. Es wurden Stimmungen, Eindrücke und Erlebnisse einer außereuropäischen Welt gesammelt und literarisch verarbeitet, die primär dazu dienten, die Kunst in Europa neu zu befruchten und zu bereichern.

Anfang des 20. Jahrhunderts löste sich der ethnologische Roman von rein völkerentdeckenden Vorgängen und konzentrierte sich in seiner Thematik auf Problem- und Aufgabenbereiche aus der ethnologischen Wissenschaft, die die moderne ethnologische Literatur bis heute bestimmen.(50). Demzufolge weist die heutige ethnologisch ausgerichtete Literatur teilweise historische Elemente zur Entstehung und Entwicklungsgeschichte einer Kultur auf wie auch die literarische Inszenierung eines bestimmten Verhältnisses des Menschen in seiner Lebenswelt zur Natur, wie es in der ethnologischen wissenschaftlichen Diskussion vertreten wird.

Der Kulturbegriff in der Ethnologie wurde nach dem Zusammenbruch des Dritten Reiches immens wichtig, da aufgrund der entstandenen Sprachkrise ein neuer Begriff für das politische Schlagwort Volk gefunden werden und aufgrunddessen eine Begriffsverschiebung erfolgen musste, um den alten

Ideologiezwängen zu entkommen, die der NS - Staat mit seinem völkischen National - Sozialismus erschaffen hatte. Man suchte und fand den Begriff Kultur als geeignet, der meist im Zusammenhang mit Zivilisation benutzt wurde.

Von jeher war das Arbeitsfeld in der Ethnologie die Erforschung der Völker bzw. der Vielfalt von Lebenswelten. Dies galt vor allem für den alten Denkhorizont vor dem zweiten Weltkrieg, wo Kultur die geistig ästhetische Lebenswelt, d.h. die Bereiche Theater, Kunst, Musik, Literatur u. a. einer Zivilisation, umfasst hat und in Abgrenzung an primitive Lebenswelten, die keine höhere Kultur besaßen, benutzt wurde.

Heute wird der Begriff Kultur weitergefasst. Er wird als Praxis der Wahrnehmung und der Bearbeitung der Wirklichkeit unabhängig von einer primitiven oder hochentwickelten Lebenswelt betrachtet.
Der wissenschaftliche Diskurs um die Definition Kultur hat zu einer kulturanthropologischen Orientierung geführt, die "Kultur" von der geistigen mit ästhetisch menschlichen Werken gestalteten Lebenswelt eines Volkes auf die Praxis des Lebens schlechthin erweitert hat und nicht mehr zwischen höherer und primitiver Lebensweise unterscheidet.

Kultur steht generell für menschliche Zivilisation (51). Die Bestimmung einer Lebenswelt nimmt ihren Ausgangspunkt vom Verhältnis der Natur zur Kultur aus, wobei Kultur grundsätzlich alles menschlich Geschaffene, Gedachte, Bewertete, Beeinflusste meint. Es existieren zu diesem Verhältnis nach Gerndt vier Modelle (52) :

Modell 1: Kultur als Akzidenz der Natur

Kultur wird als etwas Aufgesetztes verstanden, das nicht alleine für sich bestehen kann, sondern des tragenden Fundaments Natur bedarf. Kultur gilt hier als etwas Erhöhtes, als Überbau, der aus geistigen und ästhetischen menschlichen Werken erbaut wurde und den Bereichen Theater, Kunst, Musik, Literatur etc. zu zuordnen ist.

Modell 2 : Kultur als Gegensatz zur Natur

Kultur wird als die vom Menschen erzeugte Welt gegenüber der Natur als der gegebenen Welt betrachtet. Diesem Modell liegt ein sehr weitgefasster Kulturbegriff zugrunde, der alles umschließt, was Menschen je produziert haben und weiterhin produzieren, auch Phänomene der Alltagswelt wie Mode, Hausrat, Volksmusik, Trivialliteratur etc.

Modell 3 : Kultur als Teil der Natur

Besonders bei den Naturphilosophen erscheint die Kultur als Teil der Natur. Im Laufe der Evolutionsgeschichte hat sich aus der Natur heraus die Kultur entwickelt und wiederum die Natur beeinflusst. Durch dieses wechselseitige Verhältnis ist Entwicklung erst möglich. Es ist demzufolge ein anthropologisches Merkmal im Menschen, dass er Kultur in seinem naturgegebenen Sein besitzt und sie folglich selbst kreiert. Die Kultur ist in natürliche Gegebenheiten eingebunden, hat aufgrund dessen verschiedene Physiognomien, ist ihnen unterworfen und befindet sich im kontinuierlichen Prozess der Emanzipation gegenüber der Natur.

Modell 4 : Kultur als Hülle der Natur

Die Kultur als Hülle ist ein Modell, das in der Kulturphilosophie als Erklärungsmuster gilt. Alles, was an Natur existiert, ist von der Kultur umhüllt und überformt. Die Natur ist durch das kulturelle Verhältnis bestimmt und kann für sich alleine nicht bestehen. In diesem Denkhorizont ist jede Naturerscheinung ein kulturelles Phänomen, so dass Natur nur durch den Wertekatalog der Kultur und kulturelle Erklärungsmuster erfahrbar, definierbar und lebendig ist.

Diese vier Erklärungsmodelle sind nicht absolut zu setzen, sondern haben viele Nebenvarianten, die sich aber den vier Grundmodellen unterordnen lassen.

Durch die Auswahl eines Modells wird also das Verhältnis Natur und Kultur wie auch der erkenntnistheoretische Zusammenhang zwischen Mensch, Natur und Kultur bestimmt. So verstanden ist Kultur der Inbegriff der Auseinandersetzung des Menschen mit der Welt, in der er augenblicklich lebt und die er sich durch seine Werke erschaffen hat und weiterhin erschafft. Kultur umfasst die Gesamtheit aller menschlichen Aktivitäten und deren hinterlassene Spuren und präsentiert sich als das Menschenwerk, als Artefakt, als statische oder dynamische Form, als jeder Akt aus Menschenhand produziert.

Autoren, die von der ethnologischen Verständnisebene den interkulturellen Dialog in ihren Werken entwerfen, inszenieren ein kulturelles Arbeitsfeld für ihren Protagonisten, das dazu dient, ein kulturelles Bewusstsein durch Erfahrungen mit der Natur, dem Alltagsleben und der spezifischen direkten Kulturwelt, die ihn umgibt und auf Erinnern, Erzählen von Mythen und Märchen, Feiern von Festen und Abhalten von Riten und rituellen Handlungen basiert, auszubilden.
Die literarischen Figuren werden mit der ethnologischen Vergangenheit ihres Volkes konfrontiert, um der kulturellen Identität ein Fundament zu geben, und einer gegenwärtigen Aufgabe ausgesetzt, die sie zu meistern haben und die nur durch Strategien der kulturellen Welt zu bewältigen sind.
Es bedingen sich erinnerte Vergangenheit und gegenwärtig erfahrbare Kultur wechselseitig und erwecken auf diese Weise das kulturelle Gedächtnis. So sind die individuellen Entscheidungsmöglichkeiten des Protagonisten beim Lösen seiner Aufgabe in die kulturelle gegebene Form eingebunden und auf weitere Vertreter dieser Kultur beliebig übertragbar.

Der dargestellte interkulturelle Dialog ist so zu verstehen, dass ein Autor eine fremde Lebenswelt in ihrem Verhältnis zur Natur und entwickelten wie bestehenden Kultur thematisiert. Dies kann in diachroner oder synchroner Betrachtungsweise erfolgen.

Zu dieser ethnologischen Hauptkategorie zählen sämtliche Werke, die ein Einzel- oder ethnisches Gruppenschicksal innerhalb einer Kultur in einem gewählten Modellverhältnis Kultur zur Natur darstellen, das der Ausbildung des spezifischen kulturellen Bewusstseins und Gedächtnisses dient und von einem Autor einer anderen Kultur als Thema gewählt wurde. Dies kann auf verschiedene Weise geschehen. Es sollen nun zwei Beispiele ausführlicher behandelt werden, um den Sinngehalt zu verdeutlichen.

Beispiel 1. "Die Hunde Wakondas" von Käthe Recheis
Der Roman zeigt das Schicksal eines Indianerjungen auf, der in der Fremde aufgrund von Erlebnissen in der Natur, in der Begegnung mit dem Tod, in der Einsamkeit und während seines Gastaufenthaltes bei einem fremden Stamm zu seiner kulturellen Identität, der Zugehörigkeit zu seiner Sippe der Elchmänner, findet. Abenteuerschilderungen werden mit einem Robinsonerlebnis und schmückenden Schilderungen über das kulturelle indianische Leben mit Geschichten aus der indianischen Mythologie verbunden. Eines Tages, nach der langen Winterzeit, kommt ein Fremder in das Lager der Indianersippe Elchmänner vom Stamme der Dakota und berichtet, die Geisterhunde im Grasland gesehen zu haben. Unklar bleibt, ob es sich dabei um ein traumatisches oder reales Erlebnis handelt. Nato, der Protagonist des Romans, der von seinen Altersgenossen stets verhöhnt wird und aufgrund seines Charakters den Namen Er - Ist - Ein - Held - Wenn - Er - Träumt erhält, ist vom Bericht des fremden Indianers fasziniert. Er wünscht sich von diesem Augenblick an nichts sehnlicher als diese Hunde seinem Stamm bringen zu können, um endlich als vollwertiger Indianer anerkannt zu werden. Im Traum hört er eine Stimme, die ihm befiehlt diese Hunde zu suchen. Auf einer kurz darauffolgenden Büffeljagd denkt er unablässig nur an diesen Traum und gefährdet dadurch fast den erfolgreichen Ausgang. Nato wird als Träumer und demzufolge minderwertiger Indianer präsentiert, der nicht dazu fähig ist, sich den Aufgaben seiner umgebenden Kultur zu stellen. Ohne seine Eltern über sein Vorhaben zu unterrichten macht er sich heimlich auf die Suche nach diesen Hunden. Seine lange einsame Wanderung durch die Prärie führt ihn unter vielen Ängsten und Strapazen zu einem Zelt von Ausgestoßenen, einer Mutter mit ihrer Tochter. Die Frau ist sehr krank. Obwohl Nato sie hingebungsvoll pflegt, stirbt sie. So zieht Nato mit der Tochter Aponi weiter. Schließlich ereichen beide das Lager eines fremden Indianerstamms, der die Hunde kennt und bereit ist, die Kinder auf Zuspruch eines alten weisen Mannes ihrer Sippe bei sich aufzunehmen. Nato schließt mit dem behinderten Häuptlingssohn Blutsbrüderschaft. Nach dem Winter können Nato und Aponi mit den Hunden, die sie von dem Indianerstamm als Geschenk erhalten haben, in den Stamm

von Nato zurückkehren. Doch findet Nato die von ihm verlassene Welt bei seiner Rückkehr anders vor .Seine Schwester ist tot und Aponi nimmt deren Stellung ein. In der neuen Situation erscheint Natos Ausbruch und Suche nun absolut unsinnig., weil aufgrund der veränderten Lage eine Anerkennung Natos als vollwertiger Indianer durch das Herbeibringen der Hunde nicht mehr nötig war. Der Stamm hatte während der Abwesenheit Natos sehr viel Leid erfahren.

Die Autorin verbindet in diesem Roman geschickt Elemente der Abenteuererzählung mit Legenden aus der Mythologie, kulturelle Eigenheiten und der Darstellung eines bestimmten Verhältnisses des Menschen zur Natur in einer bestimmten Kultur, so dass dieses Werk durchaus als interkulturell ethnologisch ausgerichtet angesehen werden kann.

Bespiel 2. Tiki und die kleine weiße Ziege von Käthe Recheis
Tiki, ein kleiner schwarzer Junge, lebt mit Vater und Mutter in einer Hütte aus Lehmziegeln und Palmblättern mitten im Urwald. Eines Tages bringt der Vater eine kleine weiße Ziege mit nach Hause. Auf sie soll Tiki acht geben. Eine Ziege zu besitzen bedeutet Existenzsicherung in dieser Kultur. Ihre Milch kann man trinken und Käse daraus bereiten. Deshalb muss Tiki gut auf das Tier acht geben. Die Aufgabe, die an Tiki herangetragen worden war, diente dazu, das Bewusstsein für die Verantwortung des eigenen Überlebens in dieser Kultur zu wecken. Wird sie Tiki meistern können? Zuerst nimmt er die Aufgabe ernst, spielt mit der Ziege und hütet sie. Doch bald wird er müde und schläft ein. Als er wieder erwacht, ist die Ziege fort. Er sucht sie überall und fragt alle Tiere im Urwald, die ihm begegnen, nach ihr. Tiki ist sehr traurig. Nach langem Suchen findet er sie endlich und bringt sie überglücklich zurück. Von jetzt an nimmt er das Aufpassen sehr ernst und will später ein guter Hirte werden.

In diesem Kinderroman wird ein bestimmtes Verhältnis des Menschen zu seiner ihn umgebenden Kultur in den Mittelpunkt gerückt und zwar aus kindgerechter Perspektive. Der kleine Tiki steht auf der gleichen Stufe wie die Tiere im Urwald, was in primitiven Kulturen nichts Ungewöhnliches ist. Er spricht mit ihnen und sieht sie als Freunde an. Die literarisch inszenierte Darstellung der an ihn gestellten Aufgabe mit ihrer Meisterung entspricht einem kleinen Ausschnitt im Alltagsleben dieser Kultur.

Dieser Roman ist ein Exempel dafür, dass interkulturell ausgerichtete Kinderliteratur in ihrer Thematik und Problematik durchaus dem kindlichen Verständnishorizont entsprechen kann und demzufolge nicht überfordert.

In der Beurteilung der ethnologisch ausgerichteten Bücher muss genau unterschieden werden, ob neben Abenteuerschilderungen auch typische kulturelle Auseinandersetzungen des Protagonisten mit seiner Lebenswelt und Darstellungen eines bestimmten Verhältnisses des Menschen zu seiner Natur gleichwertig miteinbezogen sind oder ob die Hauptintention des Autors darin liegt, ein bestimmtes Abenteuer oder ein psychologisches Problem wie die Auseinandersetzung mit der Angst zu thematisieren.
Diese Werke benutzen die Darstellung einer fremden Welt als Hintergrundkulisse für ein nicht - kulturell ausgerichtetes literarisches Motiv. Um die echte Darstellung einer fremden Lebenswelt nach der ethnologischen Verständnisebene gegen derartige Erzählungen, die zwar in fremden Kulturen spielen, aber nicht unter diese Kategorie fallen, abzugrenzen, wird nun ein Gegenbeispiel aufgezeigt.

Beispiel 3 : "Sinupah und das Pony" von Käthe Recheis
Diese Erzählung handelt von dem Indianerjungen Sinopah, der sich ein eigenes Pony wünscht. Recheis schildert in diesem Buch sehr farbig die Kulturwelt dieses Indianerstammes. Doch dienen diese Ausführungen nur der literarischen Einbettung der augenblicklichen Lebenswelt des Protagonisten in den äußeren Handlungsrahmen und nicht der Ausbildung eines kulturellen spezifischen Bewusstseins. Der Protagonist Sinupah hat bereits eine genaue Vorstellung davon, wie sein Pony auszusehen hat. Eines Tages trifft er auf einem Steifzug durch die Wälder ein wunderschönes braun geschecktes Pony, das genauso aussieht wie sein Wunschpferd. Es gehört einem alten geheimnisvollen Mann, der einsam im Wald in seinem Zelt lebt. Sinupah hat Angst vor ihm und erzählt seinen Eltern von ihm. Bei seinen Freunden nennt er ihn allerdings den Geistermann und verbreitet ein Bild der Angst und des Schreckens, was eigentlich untypisch für die Indianerkultur ist, weil Alter mit Weisheit verbunden wird und demzufolge das Auftreten eines alten Mannes keine Angsterlebnisse mit diesen rufmörderischen Folgen hervorrufen kann. Sinupahs Verhalten entspricht keineswegs den Ansprüchen der indianischen Erziehung, sondern gleicht vielmehr dem Verhalten europäischer unerzogener Straßenkinder. Sinupah erträgt es

nicht, dass dieser alte Mann sein Pony besitzt. Es kommt zu gespensterhaften Szenen, bei denen der alte Mann den Weg von Sinupah und seinen jeweiligen Begleitern kreuzt. Da die Eltern des Protagonisten mit dem alten Mann Mitleid haben, drängen sie Sinupah und seine Geschwister dazu, ihm das Essen zu bringen. Doch bei seinem Zelt treffen sie nur das Pony an. Sinupah kann nicht widerstehen. Er bindet das Pony los und reitet davon. Das Pony wirft ihn auf einer Waldlichtung ab und flieht in die Prärie. Sinupah und seine Geschwister, die es einfangen wollen, entfernen sich immer mehr von ihrem Lager, bis sie sich hoffnungslos verirrt haben. Sie müssen die Nacht in der Prärie zubringen. Am nächsten Morgen finden sie das Pony wieder, das ihnen den Heimweg zeigt. Der alte Mann will nun Sinupah das Pony schenken. Doch dieser wird vom schlechten Gewissen geplagt und lehnt das Geschenk ab. Erst als der alte Mann die Schuld Sinupahs erkennt und ihm verzeiht, freut sich Sinupah über das Pony und einen neuen gewonnenen Großvater.

Diese Erzählung ist zwar in eine andere Kulturwelt eingebettet, beschreibt jedoch mehr auf der Basis des sozialen Lernens das Schicksal der Begegnung Sinupahs mit einem alten Mann. Recheis zielt primär auf die innere Entwicklung des Protagonisten ab, die nicht an die direkte kulturelle Umgebung gebunden ist und in jeder anderen Kultur ebenso stattfinden kann. Sekundär fließen Kenntnisse und Wissen um die Alltagswelt des Indianerstammes mit ein. Doch geben diese nur den äußeren Handlungsrahmen ab. Es wird in dieser Geschichte kein spezifisches indianisches kulturelles Bewusstein ausgebildet. Vielmehr erscheint die literarisch inszenierte Problemsituation alltäglich und unabhängig von einer kulturellen Lebenspraxis und einem kulturellen Gedächtnis eines Volkes oder Stammes. In diesem Werk kann das Fremdverstehen nicht gefördert werden.

Anders verhält es sich in Sachbüchern, die kontinuierlich mit dem Anspruch auf Objektivität fremde Lebenswelten darstellen. Demzufolge fallen Sachbücher über fremde Kulturen unter die ethnologische Kategorie wie z.B. Indianersachbücher, die dem kulturellen Gedächtnis gewidmet sind. Zu nennen sind *"Weißt du, dass die Bäume reden"*, *"Freundschaft mit der Erde"*, *"Auch das Gras hat ein Lied"*, *"Einst waren wir ein freies Volk"* und *"Kinder der Prärie"* von Käthe Recheis. In diesen Büchern kommen die Indianer selbst zu Wort.

Ein weiterer wichtiger und bekannter Autor ist Hans Baumann, der in seinen vielen Werken unterschiedliche Akzentuierungen setzt. Zu der ethnologischen Verständnisebene zählen seine Romane *"Steppensöhne"* und *"Gold und Götter von Peru"*. Baumann eröffnet seiner Leserschaft nicht nur einen Einblick in die Lebenswelten anderer Kulturen, sondern auch in den Sinnhorizont menschlichen Lebens überhaupt und zeichnet so gekonnt das wechselseitig bedingte Verhältnis von Kultur zur Natur.

IV.3. Die drei Grundpositionen der politisch - historischen Verständnisebene

Autoren, die für ihren interkulturellen Dialog eine politische Perspektive wählen, räumen der Interaktion zwischen den Kulturen einer Kultur eine Machtstellung ein. Macht gilt als einer der Grundbegriffe in der politischen Diskussion auf regionaler und globaler Ebene. Dass dieser Machtbegriff nicht identisch ist mit Gewaltausübung, verdeutlicht nachfolgende Definition nach Nohlen (53):

Macht wird in der Politik als eine instrumentell verstärkte praktisch-technische Wirkmöglichkeit erkannt mit dem Ziel, das Gute mit gegenwärtig zur Verfügung stehenden Mitteln zu erreichen. Während dieses Prozesses wird jede Chance im sozialen Umfeld genutzt auch gegen den eigenen Willen der teilhabenden Individuen dieses Ziel innerhalb der Gesellschaft zu erreichen. Diese soziale Relation impliziert die Existenz von Machthabern und Machtunterworfenen. Um den Zustand des Guten zu erhalten kann auch Gewalt eingesetzt werden, wenn dies eine bedrohliche Situation erfordert und keine andere Lösung möglich ist.

Luhmann entwickelt einen sehr modernen Machtbegriff, der Macht als ein rein symbolisch generalisiertes Medium der Kommunikation definiert, das durch einen dynamischen Prozess gestützt auf logische Abfolgen von Handlungsstrategien das individuelle Wollen übersteigt (54).

In dieser Kommunikation zwischen einzelnen Gesellschaften hat Kultur ihren politischen Stellenwert, der sich darin manifestiert, dass die Kultur, die am mächtigsten auftritt, andere Kulturen bei sich aufnimmt und unter sich platziert, um sie vor den Angriffen anderer Kulturen zu schützen, und nach der Position des Hüters des Guten strebt.

Aus der hier vertretenden Perspektive lässt sich die politische Welt nicht als Patchwork klar voneinander abgegrenzter Kulturen zeichnen, sondern weit angemessener erscheint die Vorstellung einer kulturellen Landschaft kontinuierlicher Übergänge. In diesem stetigen Prozess des Wandels zeigt sich Kultur als ein Ensemble von Werten, Einstellungen und Verhaltensmustern in sinnstiftender Übereinkunft der Mitglieder eines Kulturkreises. Kultur ist soziale Realität gestützt auf das Fundament eines gemeinsamen Gruppenbewusstseins, das seine eigene Sicht auf die Welt als gültige Perspektive etablieren und auf diese Weise die Welt in seinem Sinn formen will. Dieser daraus resultierende interkulturelle Verständigungsprozess ist der Mittelpunkt kulturpolitischer Betrachtungen.(55).

Kultur versteht sich demzufolge als ein offener und instabiler Prozess des Aushandelns von Ansichten, Weltsichten und Bedeutungsperspektiven über den Sinn des Lebens, das zwar kulturell geprägt ist, aber aufgrund unterschiedlicher Interessenansichten in Krisensituationen bewältigt und geklärt werden muss. Die Voraussetzung dafür bietet die sog. verinnerlichte Kultur, ein System, das man mit kultureller Identität gleichsetzen kann. Das kulturell Spezifische zeigt sich auf individueller wie auch kollektiver Ebene. Nach Huntington findet der Mensch seine kulturelle Identität durch Symbole neuer und alter Art. Er definiert sich über seine Familien- und Landesherkunft, seine Religion, Sprache, Geschichte, Werte, Sitten und Gewohnheiten, kulturelle Institutionen, die allesamt dem historischen Wandel unterworfen sind und sich gemäß dem aktuellen Zeitgeist stets neu formieren.

Die Idee über Kulturen wissenschaftlich zu reflektieren und sie als höhere Lebensform zu charakterisieren stammt von den Denkern der französischen Aufklärung. Kultur wurde im Gegensatz zu barbarischen primitiv lebenden Völkern als die zivilisierte Gesellschaftsordnung verstanden, die städtische, sesshafte und alphabetisierte Strukturen aufwies.

Im 19. Jahrhundert, als die Zivilisation durchgehend vertechnisiert wurde, bedeutete Kultur der Besitz von Werten, Idealen und höherer geistiger Bildung, Diese Unterscheidung und Rangordnung betraf nur die Denkweise vom Ancien Regime bis Ende der NS - Zeit, danach wurde sie abgelehnt. Man unterschied demzufolge zwischen Zivilisation, die sich durch technische Fortschritte in der Mechanik und anderen materiellen Faktoren präsentierte, und der Kultur, die für Werte, Ideale, Sitten, höhere geistige und künstlerische Bildung stand, und trennte beide Systeme, was nach Fernand Brandel eine Illusion darstellt. Nach ihm bedeutet Zivilisation der kulturelle Raum, der den Wohnraum des Menschen in seinem speziellen Ensemble von Werten, Weltsichten, materiellen und a-materiellen Kulturgütern präsentiert und dadurch als ein historisch gewachsenes Ganzes erscheint. Auch Dawson sieht in Kultur das Produkt eines besonderen kulturschöpferischen Prozesses als Werk eines bestimmten Volkes. Kultur ist in allen nicht - deutschen Definitionen zu Zivilisation das gemeinsame Thema, das die Zivilisation erst ermöglicht und charakterisiert. Heute setzt sich die nicht - deutsche Denkweise im globalem Raum mehr und mehr durch und die öffentliche Lebenswelt eines Volkes wird mit seiner Kultur auf eine Stufe gestellt. Die Differenzen zwischen den Kulturen werden durch die vorherrschende wissenschaftliche Reflexionen und Erkenntnisse, Grundwerte der Menschen, geregelte soziale Beziehungen innerhalb der Kultur, Sitten und die bestimmende Weltsicht festgelegt. Das Hauptkriterium der Unterscheidung stellt die Religion dar, die in ihrer Entwicklung kontinuierlich kulturelle Prozesse erzeugte. Die Menschen werden aufgrund gemeinsamer Religionszugehörigkeit einer bestimmten Kultur zugeordnet und nicht aufgrund körperlicher Merkmale wie z.B. Unterschied in der Hautfarbe. Kultur verbindet Menschen verschiedener Gruppen und Staatszugehörigkeiten. Man unterscheidet in diesem Zusammenhang zwischen Kultur und dem Kulturkreis, der verwandte Kulturvarianten zu einer übergeordneten Kategorie zusammenschließt und die größte kulturelle Einheit darstellt. Jedes Dorf, jede Region, sämtliche ethnische Gruppen und Nationalitäten besitzen eine eigene kulturelle Lebensweise. Die Kultur eines süditalienisches Dorfes unterscheidet sich von der eines norditalienischen Dorfes. Doch gehören beide der übergeordneten italienischen Kultur an und sind nur Varianten dieser Kultur. Die italienische Kultur unterscheidet sich zur der deutschen Kultur und beide gehören der übergeordneten europäischen Kultur an, die wiederum gemeinsame Merkmale im Gegensatz zur arabischen oder chinesischen Kultur aufweist. Diese großen Gemeinschaften, die Sammelbecken vieler kultureller Varianten sind, bilden die großen Kulturkreise dieser jetzigen Welt und stellen übergeordnete kulturelle Gruppen von Menschen, die ihre kulturelle Identität durch gemeinsame objektiven Merkmale wie Sprache, Geschichte, Religion, Sitten und Institutionen finden, dar. Die Kulturkreise waren im Laufe der Geschichte oft gezwungen sich neu zu formieren. Es gab berühmte Kulturkreise, wie den ägyptischen, assyrischen und indianischen, die entweder von anderen Kulturkreisen aufgesogen wurden oder sich anpassten, untergingen oder die fremde übergeordnete Kultur zwangen, im Verschmelzungsprozess neue Elemente zu entwickeln. Die großen zeitgenössischen Kulturkreise definieren sich nach Huntington wie folgt (56):

Der sinische Kulturkreis wird durch den Konfuzianismus bestimmt, der japanische hat sich aus der chinesischen Kultur entwickelt und sich verselbstständigt, der hinduistische ist nach seinem Kernstaat der Hindi definiert, der islamische wurde von seinem Religionsgründer Mohammed ins Leben gerufen, der westliche ist aufgrund der christlichen Religion formiert und umfasst Europa, Nordamerika und auch Lateinamerika., Australien und Neuseeland. Die lateinamerikanische Kultur befindet sich augenblicklich in einem emanzipatorischen Prozess gegenüber Nordamerika und kann entweder als Subkultur zur westlichen oder als eigener Kulturkreis aufgefasst werden, da sich die lateinamerikanische Kultur aus europäischen und uramerikanischen Kulturelementen anders als der westliche Kulturkreis entwickelt hat. Diesen kulturellen Größen, die staatsumfassend wirken, ist der afrikanische Kulturkreis hinzuzufügen, der sich momentan erst etabliert. Der Norden Afrikas gehörte bisher dem islamischen Kulturkreis an, Südafrika dem westlichen. Äthiopien hat im Gegensatz zu Nord und Süd seine eigene Lebenswelt behalten. Afrika ist heute aufgrund seiner politischen Situation durchaus in der Lage, zu einem einzigen Kulturkreis zusammen zu wachsen.

Die Beziehung zwischen den einzelnen Kulturkreisen wird von einer einzigen übergeordneten Weltkultur, die sich als Hüter des Guten sieht und ein politisches System an zwischenstaatlichen Vereinbarungen und Rechten darstellt, beherrscht. Bisher war und ist es noch der westliche Kulturkreis, der global die kulturellen Maßstäbe setzt. Huntington betont in seinen Überlegungen den Machtstatus des westlichen Kulturkreises, der dazu neigt sich in alle Interaktionen, die zwischen Kulturen erfolgen können, einzumischen und sich als alleiniges Krisenbewältigungsorgan zu verstehen.

Die Literatur, die in jeder Kultur einen eigenen Stellenwert hat, kann nun die Begegnung zweier großer Kulturkreise thematisieren oder die Auseinandersetzung zwischen Subkulturen innerhalb einer übergeordneten Kultur. Zu beachten ist, dass eine Kommunikation zwischen Kulturen unterschiedlicher Dörfer in diversen Regionen eines Landes oder der Gegensatz zwischen Land- und Stadtleben bereits Thema der Gattung Heimatromane ist.

Interkulturalität sollte als Thema innerhalb der politischen Verständnisebene nicht auf Probleme innerhalb der eigenen Kultur bezogen werden, sondern auf Kommunikationen zwischen fremden Kulturkreisen im Sinne der politischen Machttheorie mit dem Ziel des Erhalts des Guten verweisen. Um diesen Zustand des Guten kontinuierlich zu garantieren ist nach langer Tradition der relevanteste Motivationsfaktor, nämlich der Feind, unabdingbar. Die Menschen haben gelernt sich nur aufgrund eines negativen Gegenübers selbst begreifen und das Gute nur in Abgrenzung gegen das Böse verstehen zu können. Der Demagoge Dibbin formuliert :

"Ohne wahren Feinde keine wahren Freunde! Wenn wir nicht hassen, was wir nicht sind, können wir nicht lieben, was wir sind. Das sind die alten Wahrheiten, die wir heute, nach dem sentimentalen Gesülze von hundert Jahren, unter Schmerzen wieder entdecken. Wer diese Wahrheiten leugnet, der verleugnet seine Familie, sein Erbe, seine Kultur, sein Geburtsrecht, sein ganzes Ich! Das wird ihm nicht so leicht vergessen!"
(zit. nach Huntington Samuel, Kampf der Kulturen, S. 18).

Nach dieser Auffassung kann der Mensch sich nur in Abgrenzung an andere finden und kulturell definieren. Dibbin betont wie Hagenbüchle die Fähigkeit des bifokalen Denkens, erklärt es jedoch auf der Basis eines feindlichen Gegenübers. Die fremde Kultur erscheint zuerst als etwas Feindliches, gegen das man sich abgrenzen muss, um überleben und sich selbst als gut begreifen zu können.
Diese Denkweise ist in verschiedenen Religionen und in verschiedenen Lebensweisen grundgelegt. In jedem heiligen Buch der großen Religionen, wie z. B. in der Bibel oder im Koran, findet sich eine genaue detaillierte Beschreibung, wer als Feind zu betrachten ist. Dies sind andere Völker, Individuen, ethnische Gruppen oder können auch wie in asiatischen Religionen unerwachte Menschen sein. Der Feind existiert überall. Feindbilder erzeugen Grenzen, Angst und Distanz. Dies kann im härtesten Fall zum Kulturnarzißmus oder Religionsfanatismus führen und damit zu massiven Bruchlinien zwischen den einzelnen Kulturen, was nach Huntington das gefährlichste Konfliktpotential darstellt. (57).

Die interkulturelle Literatur, die nach politischen Verständnis den interkulturellen Dialog thematisiert, nimmt Problemkreise aus dieser Freund-

und Feinddiskussion auf. Sie kann dabei die Freund- und Feindbilder verhärten, indem die Grenzen und Bruchlinien zwischen den Kulturen verstärkt werden, oder die Bilder durchbrechen, um zu einer gemeinsamen Übereinkunft zu gelangen. Doch ist gerade die politisch gefärbte Literatur auf Berichte, Erzählungen und Problemstellungen über die Bruchlinien geradezu fixiert. Sie arbeitet dabei massiv mit Feindbildern. Dies wundert nicht, betrachtet man die Geschichte. Es lässt sich feststellen, dass im Regelfall der Krieg interkulturelle Beziehungen erweichte, sie durchbrach, neu ordnete und auf einem anderen Niveau bestimmte, so dass Literatur, die interkulturell historisch ausgerichtet ist, zwangsweise Krieg thematisieren muss. Erst seit der Grundlegung der Menschenrechte etablierte sich nach und nach ein zweiter Verständigungsprozess zwischen Kulturen, nämlich der Frieden.

Krieg und Frieden sind Grundprozesse interkulturell ausgerichteter internationaler Beziehungen und unterliegen einem stetigen Wandlungsprozess. Der Krieg in der Antike ist nicht gleichzusetzen mit der Kriegsidee in der Neuzeit, ebenso ist Frieden im Mittelalter nicht gleich der heutige Frieden. Viele Tabellen zur Entwicklung von Krieg und Frieden, die für Europa erstellt wurden und in jedem politikwissenschaftlichen und historischen Handbuch (z.B. Stammen Theo, Grundwissen Politik,1991, S.280 f) zu finden sind, verdeutlichen dies nur allzu gut. Ähnliche Entwicklungen zeigen auch Asien, Afrika und Amerika auf. Wichtig dabei ist, dass Krieg und Frieden sich politischen und ökonomischen Strukturen anpassen und auch zur Findung der kulturellen Identität beitragen. Die Literatur, die Krieg oder Frieden thematisiert, sollte demzufolge diesen Umstand nicht außer acht lassen und unbedingt miteinbeziehen, da sie sonst nicht historisch fundiert wirkt.

Es ist z. B. allgemein bekannt, dass sich seit der Entdeckung Amerikas die europäische Expansion nach Übersee, die Weltschau und das kulturelle Selbstverständnis sprunghaft verändert haben. In der Zeitspanne von 1600 bis 1800 verzeichnete man in Europa alleine 250 Kriege, an denen über 500 Parteien beteiligt waren. In der Zeit von 1815 bis 1982 fanden nur 61 Kriege mit 217 beteiligten Kriegsparteien statt.(58). Die enorme Kriegszahl in der frühen Neuzeit dokumentiert die Krisensituation um die Emanzipationsprozesse der einzelnen Kulturen. Dieser gewaltsam herbeigeführte militärische Kontakt Europas mit anderen Völkern wurde als das bestimmende System des Kolonialismus und Imperialismus erkannt. Die Europäer, die diesen Konflikt als Baustein für ihre Selbsteinschätzung und Überlegenheitsgefühl missbrauchten, begannen mit der literarischen Auseinandersetzung in Dokumentationen und Dichtungen.

Diese Art von Literatur der kulturellen Auseinandersetzung findet sich nur in Europa. Meist dienten die Texte dazu, ein Plädoyer zur Legitimation dieser Machtstellung zu sein. Beispiele für politische Sinnsetzungen durch Literatur sind Berichte eines funktionalen nicht - europäischen Alltags, religiöse Texte zur Aufwertung und Selbstbestätigung der eigenen Religion wie z. B. Missionsberichte, Erzählungen mit Helden in grandiosen Abenteuern.

In Europa formte sich ein neuer Literaturbereich, die politische Literatur über fremde Völker mit diversen Subkategorien. Diese Literatur lässt sich in drei Grundpositionen aufgrund der gewählten politischen Perspektive des Autors über Völkerverständigung aufspalten, die nun folgend vorgestellt werden.

Kurz angemerkt sei noch, dass dieser spezielle Entwicklungsstrang der europäischen Literatur momentan viele Nachahmungen in der asiatischen, afrikanischen und islamischen Literatur zur Rechtfertigung ihrer eigenen Kultur findet, um sich ebenfalls in anderen fremden Kulturkreisen aufzuwerten und zu behaupten. Als Beispiel ist die typische Dritte - Welt - Literatur genannt, die sich selbst thematisiert, reflektiert und sich aus der eigenen Perspektive heraus in ihrer Beziehung zum beherrschenden politischen Machtsystem beschreibt .(59)

IV.3.1. Der Überlegenheitsstatus

Die Literatur, die unter diese Subkategorie der politischen Verständnisebene fällt, kennzeichnet sich dadurch, dass der Autor Themenbereiche aus der politisch wissenschaftlichen Diskussion wählt, die die Überlegenheit einer, meist seiner eigenen, Kultur demonstrieren. Die Texte lassen sich zu Untergattungen bündeln.

Die erste chronologische Auseinandersetzung mit einer anderen fremden Kultur ist die Reisebeschreibung. Sie zählt zur Literaturgattung, die die individuelle Perspektive hervorhebt. Ein Reisender berichtet über seine Eindrücke und trägt aufgrund seiner Beschreibung dazu bei, welches Bild einer Kultur im Bezug auf Gastfreundlichkeit, geographischen Beschaffenheiten, offenen ehrlichen Umgang mit Fremden u. v. m. den Lesern vermittelt wird. Zeigt sich die Kultur freundlich, herzlich, offen oder feindlich, berechnend, kaltblütig gegenüber Fremden? Der Reisende selektiert bei seiner Reise aus der Vielfalt seiner subjektiven Erlebnisse und Eindrücke aus, interpretiert diese nach eigenen Anschauungen und fasst das Gesehene zu einer Ereigniskette an Deutungsmustern über diese fremde Kultur zusammen, die keineswegs den Anspruch auf absoluten Wahrheitsgehalt stellen kann. Diese nach eigenem Ermessen erstellte Handlungskette erscheint dem Leser als ein ganzes Dokument einer fremden Welt in wahrheitsgetreuer Spiegelung und Reflexion. Der Leser selbst in der fremden Kultur unerfahren kann die subjektiven Eindrücke und Darstellungen meist mit Kuriositäten durchsetzt nicht erkennen. Er verfällt dem Trugschluss, Wahres über eine neue Welt zu erfahren. Erleichtert wird diese subjektive Haltung des Autors dadurch, dass oft heimische triviale traditionelle Elemente der Berichterstattung beigegeben werden, die das Fremde trivialisieren, degradieren und ihm den Selbstwert rauben. Dies geschieht meist aus dem Grund, um für den Büchermarkt attraktiv zu erscheinen, je nachdem welcher Trend gerade aktuell ist.

Zum größten Übel sind viele Reisebeschreibungen schlichtweg erfunden. Den wichtigsten Vertreter solcher Reisebeschreibungen bilden die Robinsonaden. Gemeint sind nicht die klassischen Robinsonromane von Defoe, Campe u. a, sondern die Werke, die aus den politischen Themenkreisen, meist aus der militärischen Abwehr zentriert auf das Thema Geheimauftrag, entnommen sind in der Absicht Überlegenheit zu demonstrieren, also die moderne Version in der Nachfolgegeneration der Robinsonaden. Es handelt sich dabei um Berichte von Männern, die im Dschungel oder in der Wüste während der Ausführung einer politischen geheimen Mission abstürzen, sich einen Weg durch die Welt des Dschungels bahnen müssen, Naturvölkern begegnen, am Ende zu einem militärischen Stützpunkt gelangen, ihre Mission aufgrund ihres Abenteuers besser verstehen und dies alles möglichst sachlich aus ihrer individuellen Perspektive beschreiben.

Eine Nebenform zu den Reisbeschreibungen stellen die Nachrichtendossiers dar. Sie gehören zu den literarischen Werken, die die kollektive Perspektive betonen und das Zeugnis vieler Autoren sind, so dass der Wahrheitsanspruch durch die Anzahl der Autoren multipliziert wird.

Der Prototyp an politisch ausgerichteter Literatur sind die historischen Romane, in denen Geschichtsschreibung literarisch mit hohem Wahrheitsanspruch inszeniert wird. Diese Gattung ist der wichtigste Träger einer Kulturideologie und ihrer Völkerverständigung gewesen und wird heute durch die Medien teilweise abgelöst, aber nicht verdrängt. Die Historien sind, wenn sie Kriege thematisieren, gegen Kriegsromane abzugrenzen. Es gibt eine Reihe von Kinderbuchautoren und Jugendschriftsteller, die für ihre historischen Romane bekannt wurden wie z.B. Hans Baumann, Kurt Lütgen oder Reinhard Mai mit seinem Lesebuch zur deutschen Geschichte. Zu beachten ist, dass in dieser Gattung Krieg nicht als zentrales Motiv erscheinen darf, sondern die politische Dimension einer kulturellen Überlegenheit eines Volkes.

Die dritte Subkategorie bildet die exotische schöne Literatur, die grandiose Heldenabenteuer thematisiert. Angeblich real existierendes chinesisches, japanisches oder indianisches Dekor und eine imaginäre Atmosphäre erweitern die literarischen Genussmöglichkeiten der Helden im fremden Land, die jedoch nur zum Relativieren der eigenen festen Überzeugungen dienen. Dieser sog. literarische Exotismus, der sich auf die Fremdartigkeit des Anderen geradezu stürzt, ist selbst nicht mehr als das Produkt abendländischer Projektionen der Autoren.

An dieser Schnittstelle von Realität und irrealem Exotismus entstand der koloniale Abenteuerroman mit klarer politischer Ausrichtung und in seiner trivialsten Form als Westernroman. Sämtliche Abenteuerromane von Karl May, die in fernen Ländern spielen, fallen unter diese Subkategorie und sollen exemplarisch für andere Vertreter genannt werden, da Karl May viele Nachahmer gefunden hat wie z.B. in der österreichischen Jugendschriftstellerin Käthe Recheis zu Beginn ihrer Schaffenszeit .Ihr Roman *"Adlerjunge und Siebenstern"* wurde nach Karl Mays Vorbild verfasst, den sie später unter dem Titel *"Kleiner Adlerjunge und Silberstern"* neu überarbeitet hat. Karl May selbst germanisiert die wenigen guten Indianer, die er in seinen Werken vorstellt. Sie sind nur gut, weil sie von den Deutschen verbessert und erzogen wurden. Der Stamm der Navajos ist z. B. nur positiv zu bewerten, weil ihr Häuptling eine deutsche Frau geheiratet hat, die im Roman deutsche Zucht und Ordnung propagiert. Der Höhepunkt wird dadurch erreicht, dass sie ihren Sohn auf die Forsthochschule nach Dresden schicken will. Ein nicht ganz ungefährliches Unterfangen für einen Halbindianer in Deutschland damals! Diesen germanisierten Roten stellt May jene Wilden gegenüber, die durch den Kontakt mit den Amerikanern schlecht, schmutzig, dumm, hinterlistig und faul geworden sind und als Erzfeinde Old Shatterhands gelten, der die Großmacht Deutschlands als schmetternde Hand in technologischer Überlegenheit präsentiert. May zeichnet sein Heimatland als die den Amerikanern überlegene Großmacht. Allein dieses Faktum ist die Hauptintention seiner Werke, die in Amerika spielen. Winnetous Entwicklung zum edelmütigen Wilden und dem roten Edelmenschen schlechthin, wie es im Kapitel zum Topos des edlen Wilden dargelegt wurde, sollte in der Analyse der Karl May Bände nicht fehlen, weil der Topos nicht nur pädagogischen Zielen diente, sondern auch politisch aufgeladen war, dem damaligen Zeitgeist der technischen Überlegenheit Europas entsprach und die politische suggestive Wirkung verstärken sollte.

Die vierte Subkategorie bildet die politische Sachliteratur, die es sich zur Aufgabe gestellt hat, der jeweils vorherrschenden politischen Ideologie in ihren Heimatland Argumente ihrer Machtlegitimation zu erbringen. Unter diese Kategorie fallen sämtliche Werke, die in einem fremden Land spielen und das Helfersyndrom nach Haas aufweisen. Der aktuelle Entwicklungsstand wird als rückständig definiert. Die einzige Lösung diesem Dilemma zu entfliehen findet sich in der direkten abhängigen Eingliederung in ein kapitalistisches System.
Zu nennen sind die typischen latein-amerikanischen oder afrikanischen Dritte - Welt- Sachbücher.

Sämtliche vier Subkategorien haben seit ihrer Entstehung in der Kolonialzeit eine Entwicklung durchlaufen, so dass in jüngster Zeit nicht mehr die Überlegenheit Europas und damit der westlichen Welt propagiert wird, sondern viele Autoren haben es sich zur Aufgabe gemacht, die kulturelle Überlegenheit eines fremden Landes gegenüber den anderen Kulturen in detektivischer Kleinarbeit aufzustöbern und sie mehr oder weniger gekonnt literarisch in Szene zu setzen. Doch sollte man dabei immer bedenken, dass eine fremde Kultur stets unter dem Blickwinkel eines Nicht - Mitgliedes analysiert und thematisiert wird. Der fremde subjektive Blick erzeugt zwangsweise Grenzen im Verstehen der anderen kulturellen Welt und interpretiert den Machtstatus innerhalb der Völkerverständigung stets subjektiv.

IV.3.2. Krieg, ein literarisches Thema für den interkulturellen Dialog in der Literatur?

Es ist sehr erstaunlich, dass in der Diskussion um die Interkulturalität in der Kinder- und Jugendliteratur dem Thema Krieg eine relativ geringe Aufmerksamkeit gezollt wird, obwohl dieses Thema in sehr vielen Büchern in allen möglichen Variationen thematisiert wird. Stillschweigend setzt man voraus, dass Krieg ohne Einschränkung als literarisches Thema für den interkulturellen Dialog fungieren kann, da Krieg im Alltagsdenken als Kulturphänomen gilt.

Was das Thema Krieg betrifft, so existiert eine tiefe Kluft zwischen dem Alltagsdenken und der wissenschaftlichen politischen Diskussion, die Krieg anders einstuft. Da er sehr oft in der Kinder- und Jugendliteratur als Thema gewählt wird, erscheint es wichtig, Krieg als Medium in seiner politischen Kommunikationsrolle zwischen verschiedenen Kulturen näher ins Auge zu fassen.

Wie wirkt Krieg als Hauptthema im interkulturellen Dialog? Kann Krieg überhaupt als Faktum für Kommunikation zwischen verschiedenen Kulturen gelten, das zur Interkulturalität beiträgt, bezieht man die wissenschaftliche Diskussion mit ein? Was bedeutet es, Krieg in der Literatur zu thematisieren?

Krieg als Diskussionsthema ist durch die Medien im Alltagsbewusstsein der Lesenden ständig präsent, da die aktuellsten Kriegsschauplätze kontinuierlich in den Medien vor Augen geführt werden, wie z.B. die Reportagen im TV bekunden. Der Autor, der als Thema Krieg wählt, geht meist

nicht auf das aktuellste Zeitgeschehen ein, sondern sieht sich als Sprachrohr einer unterdrückten, ausgebeuteten, verfolgten kulturellen Gruppe und ernennt sich zu ihrem Advokaten in der Absicht, weltweit Verständnis für die politische Situation dieser Kulturgruppe zu wecken. Haas hat in seinem Aufsatz *"Eigene Welt - Fremde Welt - Eine Welt "* (60) auf diese Intention der Autoren hingewiesen und diese Literatur als *"Entwicklungshelfersyndrom"* bezeichnet.
Zu nennen sind hier vor allem die vielen kriegerischen Auseinandersetzungen in Afrika.

Auch in historischer Perspektive erscheint das Thema Krieg sehr oft in Kolonial- und Abenteuerromanen, die eine spezielle Untergattung, die Kriegsromane, erzeugt hat, die es sich zur Aufgabe gestellt hat, idealistische Gefühle der Bewunderung und Liebe für den Kriegshelden beim jugendlichen Leser zu wecken, wobei der Verlauf des Kriegsgeschehens im Mittelpunkt zu stehen hat und nicht das chauvinistische Einzelschicksal oder der krankhaft übersteigerte Nationalnarzißmus.

Krieg wird im allgemeinen Sprachgebrauch als eine organisierte Gewaltanwendung im größeren Umfang zwischen Staaten oder bei Bürgerkriegen zwischen unterschiedlichen sozialen kulturellen Gruppen aufgrund unlösbarer Konflikte innerhalb eines übergeordneten politischen Systems definiert. In der Politikwissenschaft fehlt es an einer einheitlichen Definition zum Begriff Krieg. Man einigte sich in jüngster Zeit darauf, heutzutage einen Konflikt nur als Krieg zu definieren, wenn ein gewaltsamer Massenkonflikt mit drei charakteristischen Strukturen auftritt: die Beteiligung von zwei oder mehr Streitkräften, ein Minimum an zentraler Organisation der Kriegsführung auf allen Seiten, eine bestimmte Beständigkeit der Kampfeshandlungen.(61)
Dass Krieg geschichtlichen Wandlungsprozessen unterliegt, ist bekannt. Demzufolge sollte Kriegsgeschehen in einem Roman, der in der Antike, im Mittelalter oder in der Neuzeit spielt, vom Autor zeitbezogen dargestellt werden, damit sein Werk nicht den Phantasieromanen zugeordnet wird.
Im Rahmen dieser politischen Begriffsbestimmung zum Krieg bleiben Probleme zur Einschätzung des Konfliktpotentials und den Kriegsursachen bestehen, die sich auf die Haltung der Autoren auswirken.

Fritz Steuben, der unter seinem wahren Namen Erhard Wittek nationalsozialistische Literatur veröffentlichte, unter diesen den berühmten Romanzyklus über den Shawnee- Häuptling - Tecumseh, der beabsichtigte, die Indianer gegen die Amerikaner zu vereinigen, und der nach der Ansicht des Autors daran scheiterte, dass ihm dies aufgrund innerer Zerwürfnisse nicht gelang, verfolgte die politischen Ziele, einerseits die große Tapferkeit der Indianer hervorzuheben, andererseits ihr Scheitern nicht aufgrund der militärischen Waffenüberlegenheit der Amerikaner zu erklären, sondern am politischen Unvermögen, sich selbst als eine soziale Einheit im übergeordneten System Indianervolk zu erkennen.

Dass Autoren meist aus subjektiver Überzeugung heraus Ursachen für gewaltsame Konflikte nach individuellem Maßstab darstellen, dabei meist die politische reale Lage negieren, zeigt, wie sehr die Lesewelt in eine bestimmte Richtung durch die Subjektivität des Autors gelenkt werden soll. Es gibt nur wenige Beispiele von Autoren, die sich wirklich die Mühe machen in ihren Romanen auf Ursachen spezifisch einzugehen und sie dem historischen Umfeld gemäß realistisch nachzeichnen.

Literarische Werke, die in diesem Sinn dem Wahrheitsanspruch kaum oder gar nicht gerecht werden, verschleiern nur den politisch historischen Blick der Leser und erschweren ihnen den Zugang zur realen Lebenswelt.
Dass es Autoren gibt, die diesem Anspruch gerecht werden können, wird im nächsten Absatz dargelegt, wo versucht wird, eine wissenschaftliche Theorie mit einem literarischen Beispiel zu kombinieren, um zu demonstrieren, dass dieser Anspruch nicht zu hoch angesetzt und bereits existent ist. Ferner soll darauf hingewiesen werden, dass anhand der Kriegsursachenforschung deutlich wird, dass Literatur, die sich primär dem Thema Krieg widmet, nicht als interkulturell bezeichnet werden kann, weil Krieg in der wissenschaftlich politischen Reflexion als ein objektives Kommunikationsmedium gilt, dadurch kulturell ungebunden ist, und weil das Thema Krieg aufgrund der Darstellung von Gewalt dem Werte- und Zielkatalog, der für den interkulturellen Dialog in der Kinder- und Jugendliteratur als ethischer Maßstab gilt, nicht gerecht wird.

Die politische Kriegsursachenforschung, die sich nach Nohlen in drei Ursachensträngen aufspaltet, die dem politischen Diskurs zugrunde liegen, steht in einer langen Tradition des philosophisch - spekulativen Nachdenkens, wobei Krieg als ein unnatürliches und künstlich erzeugtes Phänomen gilt, das kulturell nicht vorgegeben ist.

> *Tradition 1: Die Ursachen von kriegerischen Konflikten liegen nach dieser Auffassung in der Natur des Menschen selbst, in seiner Selbstsicht und in seinem Selbstbehauptungsdrang, der meist krankhaft übersteigert ist.*

Die Tradition dieser Theorie führt sich auf die christlich- jüdische Version der Erklärung von Kriegsursachen bei Augustinus zurück und wird im 20. Jahrhundert in der realistischen Theorie der internationalen Politik weitererörtert.(62).

Bartos - Höppner stellt sich mit ihrem Roman *"Sturm über Kaukasus"* in diese Tradition und beschreibt, wie der reine Eroberungsdrang von Imam Schamil, der im religiösen Fanatismus wurzelt und aufgrund der zu triebhaften Persönlichkeit des Schamil darin eskaliert, dass er den Aufbau eines moslemischen Gottesstaates erzwingen will und zu irrsinnigen kriegerischen Handlungen führt. Dem Leser wird während dieses Geschehens eine lebendige Welt des kaukasischen Lebens als Kriegskulisse präsentiert.

Trotz diesen reichen Inventars an Informationen über die Kultur des Kaukasus kann dieser Roman nicht als interkulturell definiert werden, da die Hauptintention der Autorin in der Darstellung der Konfliktursache liegt, die im Menschen unabhängig seiner kulturellen Prägung zu finden ist, also psychologisch ausgerichtet ist. Die Autorin wählt als Hintergrundkulisse nur die kaukasische Welt. Iran, Irak, Algerien und andere Länder als äußerer Handlungsrahmen wie auch ein anderer krankhaft übersteigerter Fanatismus als innerer Handlungsraum wären ebenso möglich.

Ein zweites Werk von Bartos - Höppner *"Kosaken gegen Kutschum-Khan"*, das in Sibirien spielt, handelt von dem übersteigertem Selbstbehauptungsdrang einer kleinen Kosakentruppe gegen den Tartarenfürsten Kutschum - Khan. Der Roman stellt ein brillant inszeniertes Zeitgemälde dar. Doch ist die Hauptintention wieder die Darstellung der Sinnlosigkeit von kriegerischen Handlungen, die auf übersteigerter Wichtigtuerei und krankhafter Selbstüberschätzung basieren. Beide Werke stellen aufgrund der gewählten Thematik vielmehr psychologische Romane dar, die die

Entwicklungen von Personen mit krankhaften Persönlichkeitsstrukturen aufzeigen.

> *Tradition 2: Die zweite Denkrichtung zur Erklärung von Kriegsursachen sieht diese in vorhandenen inneren Systemen von Staaten und Gesellschaften.*

Diese Denktradition wurde von Macchiavelli begründet und später zum Erklärungsansatz der Ansprüche von kapitalistischen Gesellschaften weitergeführt.(63).

In Burgers Kriegsroman *"Die Friedenspfeife ist zerbrochen"* wird das Schicksal des Indianerjungen Gerald Jerome berichtet, der mit den ersten amerikanischen Einheiten nach Vietnam zieht. In Erinnerung an seinen Urgroßvater, der am amerikanischen Bürgerkrieg teilnahm, hatte Jerome diese Entscheidung getroffen. Durch die zunehmende Gewalt auch innerhalb seiner eigenen Truppe gegen ihn aufgrund seiner indianischen Abstammung wird er völlig desillusioniert. Der Roman ist mit Zitaten wichtiger amerikanischer Politiker zum Vietnam - Krieg und authentischen Kriegsberichten zum ehemaligen amerikanischen Bürgerkrieg durchzogen. Die Zitate teilen den Roman in Kapitel ein und stellen Markierungen im Geschehen dar. Man gewinnt den Eindruck, dass es sich bei diesem Roman um eine spannend inszenierte Dokumentation handelt.

Obwohl der Roman auf die Problematik des Indianers aufgrund seiner Abstammung eingeht, kann er nicht zum interkulturellen Dialog beitragen. Die Intention des Autors ist es, den Vietnamkrieg als langer weiterführender Arm des amerikanischen Bürgerkriegs zu sehen und einen Länderkrieg als großer Bruder von Bürgerkriegen zu definieren. Nach seiner Ansicht stellt ein Länderkrieg nichts Anderes dar als die Übertragung eigener innerer Konflikte auf die Länderebene. Kriegsromane, die diese Strukturen aufweisen und in diese Tradition gestellt werden können, fördern und bilden das politische Bewusstsein aus.

> *Tradition 3. Die dritte traditionelle Denkrichtung begründet die Ursache von Kriegen in bestehenden teilweise verdeckten anarchistischen Strukturen internationaler Politik, die die Staaten regelrecht zum Machtstreben zwingen.*

Diese Denkweise reicht bis auf Thukydides zurück, der den peloponnesischen Krieg als Machtzuwachs der Athener betrachtete, der andere Polis - Gemeinschaften zum Krieg zwang. Thukydides gilt als Begründer der Theorie der hegemonialen Kriege. Der strukturelle Realismus hat diesen Ansatz weiter ausgearbeitet. Die Anarchie als unauslöschbares Strukturmerkmal des politischen internationalen Systems erzeugt kontinuierlich Kriege.(64).

Dieses Erklärungsmuster wird meist zur Erklärung des Krieges zwischen den Indianern und den Weißen herangezogen, um klar zu legen, dass die Indianer gezwungen waren, sich aufgrund des politisch anarchistischen Verhaltens und dem gewalttätigen Machtstreben der Weißen kriegerisch zu verteidigen. Dieses Thema ist so bekannt, dass es sich erübrigt Romanbeispiele zu nennen.

Auch Romane, die weitere historische oder aktuelle Kriegszustände darstellen wie z.B. *"Der Kampf um die Barbacane"* von Habeck, der die zweite Türkenbelagerung von Wien 1683 thematisiert in Kombination mit einem Jungenschicksal, können nicht unter den Rahmen Interkulturalität fallen, da sie primär Kriegszustände beschreiben, die bei genauer politischer oder historischer Analyse aufgrund anarchistischer Strukturen entstehen, wenn auch mit literarisch inszenierten interkulturellen Einschüben.

Da in diesen Kriegsromanen primär das negativ besetzte Machtstreben eines politischen Systems thematisiert wird mit dem Anspruch inhaltlich auf den Kern der historischen Wahrheit zu stoßen, fördern sie die Ausbildung des politischen und historischen Bewusstseins und nicht die interkulturelle Kompetenz.

Fasst man diese drei traditionellen Sichtweisen zu Kriegsursachen zusammen und vergleicht die dargestellten Ergebnisse, stellt man fest, dass literarische Texte, die Krieg darstellen, im allgemeinen nicht unter dem vorgegebenen ethischen Rahmen dem interkulturellen Dialog zu dienen analysiert werden können.

Die Fähigkeit Krieg zu führen ist ein allgemeines anthropologisches Merkmal, das sich erst durch die Formung eines macht- politischen Bewusstseins aufgrund des Sesshaftwerdens und des Erwerbs von eigenem

Besitzs nach dem Zeitalter des Neo- Lithikums kontinuierlich in verschiedenen Stufen und Ausprägungen entwickelt hat. Dieses neue Potential bedingt primär die aggressive Kommunikation zwischen Mensch und Mensch und wird erweitert auf Menschengruppen übertragen. Die Kriegsfähigkeit an sich wurzelt demzufolge im Menschen selbst und nicht außerhalb seines Wesens in der Kultur, während die Außenperspektive des Krieges wie z.B. seine aktuellen Ursachen oder die instrumentell strategische Dimension wiederum vom kulturellen Entwicklungsfortschritt initiiert und geprägt sind. Kriegsursachen und Kriegsweisen müssen nach politischen Kriterien der nationalen und internationalen Beziehung betrachtet und aufgeschlüsselt werden, auch in Anbetracht dessen, dass oft eine andere kulturelle Lebenswelt miteinbezogen ist und mehrere Kulturen beteiligt sind.

IV.3.3. Der Kommunikationsfaktor Frieden

Auf politischer Verständnisebene schließt der Friedensbegriff im Sinne der christlich - jüdischen Tradition die innergesellschaftliche Dimension und den Aspekt einer gerechten Ordnung aufgrund vertraglicher Abmachungen ein. Frieden wird aus objektivierender Perspektive betrachtet unabhängig von der inneren Haltung eines einzelnen Individuums, während im pädagogischen Kontext der Friedenserziehung der Frieden aus individueller Perspektive im grundlegenden Sinne von keiner Gewaltanwendung gegen andere Personen und Disziplinierung von Aggressionen verstanden wird.

Die politische Idee des Friedens unterlag wie auch sein Pendant der Krieg gesellschaftlichen und historischen Wandlungsprozessen. Seit Beginn der Neuzeit bedeutet Frieden die Abwesenheit von Kriegen. Man unterscheidet zwischen einem positiven und negativen Frieden, also zwischen der Abwesenheit von personeller oder auch direkter Gewalt und der Abwesenheit von struktureller oder indirekter Gewalt (65). Frieden ist demzufolge mehr als nur kein Krieg, was z. B. im Kalten Krieg beispielhaft demonstriert wurde. Die Grundform gesellschaftlichen Zusammenlebens stellte während dieses gespannten Zustandes im Kalten Krieg zwischen den Großmächten der Frieden dar.

In den Erklärungsmustern zum Entwicklungsprozess des Friedensgedankens findet sich ein dualer Diskurs: Frieden als das Produkt eines natürlich gewachsenen Zustandes und als politisch gestiftetes Kulturprodukt.(66).

Das Thema um den naturwüchsigen Frieden scheidet aus der Literatur mit interkulturellem Anspruch aus, da er als kosmisches Ordnungsprinzip im Innern jedes Menschen verankert ist oder als überhistorischer Ausdruck des Zusammenlebens von Menschen unabhängig von bestehenden Kulturen gilt. Texte mit dem Thema zum naturwüchsigen Frieden lassen sich ethisch anthropologisch analysieren und fallen unter den rein anthropologisch ausgerichteten Rahmen. Sie bilden und fördern das ethische anthropologische Bewusstsein.

Frieden als Ausdruck einer menschlichen Willensüberzeugung im internationalen politischen Kontext und dadurch rational festgelegt in vertraglichen Vereinbarungen mit prophylaktischer Intention des Friedenserhaltes ist für interkulturelle Aspekte als Rahmenbedingung für interkulturelle Begegnung von Bedeutung.(67). Dieser Frieden bildet das notwendige Gerüst zu einer vernünftig angelegten Begegnung zweier oder mehrerer fremder Kulturen in einem übergeordneten politischen System. Dieser Anspruch auf politische Friedenszusicherung wurzelt in den Menschenrechten, die als unverletzliche unveräußerliche Grundrechte des Individuums bezeichnet werden. Diese Rechte stehen dem Menschen unabhängig von staatlicher Anerkennung und seiner Zugehörigkeit zu einer Kulturform allein aufgrund seiner Menschenwürde zu. In seinem ursprünglichen auf die europäische Aufklärung zurückgehenden Sinngehalt beinhaltete der traditionelle Terminus Menschenrechte vor allem politische Schutz- und Teilhaberechte. Dies bezeichnet man heutzutage als die erste Generation der Menschenrechte. In jüngerer Zeit wurde dieser Begriff auch auf soziale und wirtschaftliche Ansprüche gegenüber dem Staat ausgedehnt, der eine minimale materielle Wohlfahrt und Existenzsicherung seiner Bürger unabhängig des kulturellen und sozialen Ranges zu gewähren hat. Dies ist die zweite Generation der Menschenrechte. Seit neuester Zeit wird darüber hinaus von einem Recht auf Entwicklung, Frieden, Solidarität und Abrüstung gesprochen, womit das Konzept zur Friedenssicherung eine durchaus verständliche, aber auch fragwürdige Ausdehnung erfährt, bei der oft Nutznießer und Garant des Friedens nicht mehr klar voneinander abzugrenzen sind.(68). Erst in dieser sich anbahnenden dritten Generation der Menschenrechte, die das Thema zur individuellen Entwicklung einer jeder Kulturform unabhängig von einem übergeordneten Staatensystem favorisieren, erfährt der Frieden eine relevante kulturelle Bedeutungsvariante, die erheblich zum interkulturellen Dialog beitragen kann. Zum Schutz der kulturellen Entwicklung und zur Achtung der Menschenwürde wurden internationale Schutzorganisationen und Menschenrechtskommissionen gebildet, die dafür eingesetzt werden, Verletzungen der Rechte gerichtlich zu ahnden. Besonders hervorzuheben ist UNICEF, eine Unterorganisation der UNO, die sich darum bemüht, im Dienste des Schutzes der Kinder und ihrer interkulturellen Verständigung, Hilfeleistungen zu gewähren. Sie leistet gerade auf dem interkulturellen Sektor wertvolle Aufklärungsarbeit, indem sie z. B. Literatur über fremde Länder positiv unterstützt und fördert. Viele literarische Werke, die eine fremde Welt im Sinne von UNICEF und dem Anspruch auf Erhalt des Weltfriedens thematisieren, fallen jedoch unter die ethnologische Verständnisebene, weil sie es sich zur Aufgabe gemacht haben, das Spezifische einer fremden Kultur darzustellen, um bestehenden Klischeevorstellungen entgegen zu wirken und Verständnis für die fremde Welt zu wecken.

Politisch ausgerichtete Werke sind meist erst in jüngster Zeit entstanden und beziehen Großorganisationen mit ein, so auch der Roman "*Der Einsatz*" von Tondern. Er thematisiert eine militärische Friedensmission der UNO - Truppe im Tibet anhand des Einzelschicksals des Protagonisten Max. Es wird eine fiktive Handlung vorgestellt, die eine politische Unabhängigkeit Tibets von China propagiert. Der Autor flicht während des Geschehens geschickt historisch als wahr belegt eine Schrift von Dalai Lama ein, die den Tibetern untersagt, sich in kriegerischen Gewaltakten an den Chinesen zu rächen. Trotz der Fiktivität spiegelt der Roman ein aktuelles Zeitgeschehen wieder mit einer realen Kulisse, die das Leben im Tibet treffend zeichnet.

Romane mit diesen oder ähnlichen Strukturen können für den interkulturellen Dialog herangezogen werden, auch wenn sie primär das politische Bewusstsein zum Kommunikationsfaktor Frieden zwischen Völkern, Kulturen und Staaten ansprechen und propagieren.

Da für die neuentstehende dritte Generation der Menschenrechte der Frieden als notwendige Grundvoraussetzung zur Entwicklung von Kulturen gesehen und dadurch der Boden für die friedvolle Auseinandersetzung im echten interkulturellen Dialog erst geschaffen wird, kann Literatur, die dies thematisiert, als interkulturell ausgerichtet betrachtet werden, auch wenn sie eigentlich im strenggenommenen Sinne weit mehr als anthropologisch sehr wertvoll zu beurteilen ist. Die Interkulturalität in der Literatur mit Thema Frieden wird in diesem Verständnissinne politisiert, eigentlich auf dieses Faktum hin reduziert und man kann mit Recht von einer speziellen politisch interkulturellen Literatur zum Erreichen und Erhalt des Weltfriedens sprechen. Dem Menschen wird demzufolge ein Weg vom politischen Außen des Friedens zum inneren Frieden eröffnet.

Die Kraft des Friedens an sich, - gemeint ist nicht der naturwüchsiges oder politische Frieden -, wurzelt im Menschen tiefer als die Kriegsfähigkeit, bestimmt sein tiefstes Wesen, was in unserem modernen Wissenshorizont meist nicht in Betracht gezogen wird oder in Vergessenheit geraten ist, wie die vorhergehende Darstellung aufzeigte, und kann als ursprünglichstes anthropologisches Grundmerkmal des Menschen schlechthin als die Quelle seines Daseins definiert werden, während die Außenperspektive des Friedens beginnend bei dem menschlichen Willensakt bis zu internationalen Friedensbewegungen, Organisationen und Institutionen aufgrund der kontinuierlich drohenden eskalierenden Macht der menschlichen Kriegsfähigkeit politisch und institutionell gesichert werden muss.

IV.4. Die soziologische Verständnisebene

Autoren, die sich von der soziologischen Perspektive her dem interkulturellen Dialog nähern und Themen aus der soziologischen Wissenschaft wählen, sehen primär eine trennende Mauer zwischen den Kulturen, die durch soziale Handlungsstrategien durchbrochen werden muss. Im Zentrum steht das soziale Lernen im Umgang miteinander. Es werden Prozesse thematisiert, die entweder einen gelungenen Abbruch der trennenden Mauer oder einen verstärkten weiteren Ausbau der unüberwindbaren Mauer darstellen. In der soziologischen Wissenschaft steht Kultur für Differenz, die jedoch nicht ein unüberwindbares Außenverhältnis bezeichnet, sondern Transfer, Praktiken der sozialen Kommunikation und Interaktionen miteinbezieht. Im Lexikon der Soziologie findet sich folgende Definition mit fünf Varianten:

> " *Kultur, wichtiger, oft unklar gebrauchter Begriff (Hervorh.G.H.), Begriff der Gesellschaftswissenschaften.*
> *(1) Die Gesamtheit der Verhaltenskonfigurationen einer Gesellschaft, die durch Symbole über die Generationen hinweg übermittelt werden, in Werkzeugen und Produkten Gestalt annehmen, in Wertvorstellungen und Ideen bewusst werden.*
> *(2) Die Gesamtheit der Verhaltenskonfigurationen einer jeden sozialen Gruppe, ganz gleich, wie groß und dauerhaft sie sind.*
> *(3) Die Gesamtheit der Symbolgehalte einer Gesellschaft (Religion, Kunst, Wissen, etc.) im Gegensatz zu ihrer materiellen Ausstattung (Zivilisation). In dieser Bedeutung wird Kultur heute nur noch von der Kulturkritik verwendet.*
> *(4) Die Gesamtheit der sozial entworfenen und zugelassenen Formen der Triebbefriedigung, ein psychologisch orientierter Kulturbegriff.*
> *(5) Bei einigen Kulturanthropologen bedeutungsgleich mit sozialer Struktur oder sozialem System.*"

(zit. nach Fuchs Werner, Lexikon, S. 437 f)

Diese Definition beinhaltet die traditionellen Stränge zu verschiedenen Erklärungsmodellen der Kultur, die momentan zwar noch existieren, jedoch wie die psychologische Sicht, die auf Freud zurückgeht, nicht mehr aktuell sind. Durchgesetzt hat sich die systemorientierte Denkweise wie sie bei Max Weber, Adorno, Horkheimer, Luhmann u. a. zu finden ist. Der Systemsoziologe Hartfield stellt folgende aktuelle Definition zu Kultur auf, die von anderen heutigen Auffassungen kaum divergiert

> *" In der Gegenwartssoziologie ist man bemüht, Kultur als System von kognitiven, expressiven und vor allem von Wertsymbolen (die die in einer Situation möglichen Handlungen beschränken und damit überhaupt erst Interaktion möglich machen) für die Erklärung gesellschaftlicher Systeme und ihrer funktionalen Strukturen zu analysieren (strukturell-funktionale Theorie) . Kultur wird hier als Grundlage von Normen, Positionen und Rollen betrachtet, als Gesamtheit kollektiver Vorstellungen und Traditionen, die im Prozeß der Sozialisation und Enkulturation erlernt und weitervermittelt werden müssen, um Gesellschaft fortwährend zu reproduzieren und um zu sichern, daß der an sich sozial unspezifische einzelne Mensch überhaupt zum sozialen Wesen, zum Mitglied einer Gesellschaft werden kann."*

(zit. nach Hartfiel, Günter, Wörterbuch, S. 415)

Diese zitierten Definitionen von Fuchs und Hartfiel zum Begriff Kultur greifen als wesentliche Ansatzpunkte zur Abgrenzung einer Kultur gegen andere moralische Anschauungen, die Gesamtheit der Lebensgewohnheiten und soziale Institutionen auf. Schlüsselbegriffe sind bei Hartfiel Enkulturation und Sozialisation, die genau diese Prozesse bezeichnen, die für die soziale Eingliederung in eine Kultur verantwortlich sind und zur sozialen Identität eines Individuums führen.

Da Sozialisation und Enkulturation dynamische Prozesse sind, die durch Forderungen der Kulturmitglieder an die menschlichen Wesen, die im Begriffe sind, sich eingliedern zu wollen, und die wiederum dem gesellschaftlichen und kulturellen Wandlungsprozessen unterworfen sind, bestimmt sind, muss Kultur zwingend als ein offener dynamischer Prozess charakterisiert werden.

Kultur beschreibt nicht nur ein Ensemble an zu erreichenden Inhalten der Kulturgüter und Techniken, die das Mitglied innerhalb der Kultur lebensfähig und kulturtauglich machen, sondern stellt ein kontinuierliches Geschehen an Selbstwahrnehmung und Selbstbeschreibung des Individuums innerhalb der Kultur dar, das durch die Kultur festgesetzt, vorherbestimmt und veränderbar ist.

Kultur ist auf eine ständige Selbstproduktion durch das kulturelle Leben seiner Mitgliede angewiesen und wird aufgrund von Stillstand durch unreflektiertes Verhalten seiner Angehörigen vernichtet.

Kultur definiert sich als eine kulturelle Praxis mit spiralförmig angelegter Dynamik nach oben. Sie kennt an sich keine Begrenzung in ihrer Entwicklung und Selbstproduktion und ist demzufolge nicht teleologisch ausgerichtet. Symbole werden in diesem Verständnishorizont von Kultur nicht als Fenster zu einer speziellen Kultur hin betrachtet, sondern gelten als Operatoren in einem sozialen Prozess, der unter bestimmten sozialen Umständen stattfindet und einen gesellschaftlichen Wandlungsprozess hinsichtlich der Sozialisation und Enkulturation einer bestimmten Kultur bewerkstelligen soll. Diese Symbole manifestiert in Ritualen, in der Sprache, sozialen Institutionen und in moralischen Werthaltungen, Künsten und Literatur zielen darauf ab, dem Individuum den Wechsel von einem sozial kulturellen Status zu einem anderen zu ermöglichen. In diesem Prozess werden sozial kulturelle Widersprüche unter positiven oder negativen Vorzeichen aufgelöst und der kulturell Handelnde übt die für ihn neuen spezifischen Normen und Verhaltensmuster ein. Diese Transformation kann innerhalb einer Kultur als sozialer Reifungsprozess der Kinder zu vollmündigen Kulturmitgliedern interpretiert werden oder als Transfer von einer zur anderen Kultur innerhalb einer Gesellschaft oder gesellschaftsübergreifend. Das Individuum erscheint in keiner Weise getrennt von der Kultur, sondern wird stets einer Kultur zugesprochen. Deshalb ist das menschliche Wesen immer nur als Teilhaber einer bestimmten Kultur sozial lebensfähig. Es existiert keine Alternative. Der Mensch agiert und kommuniziert nur als Kulturmitglied und ist nur in diesem Rahmen befähigt, seine soziale Identität innerhalb der Kultur zu erkennen. Kultur präsentiert sich als ein lebendiges übergeordnetes Ganzes.

Gudrun Pausewangs Jugendbücher, die in Lateinamerika spielen, thematisieren vorwiegend Sozialisationsprozesse von Indianern, die aufgrund der unmenschlichen Umweltbedingungen, denen der Indianer ausgesetzt ist und die die amerikanische Gesellschaft ihm bietet, scheitern. In ihrem Buch *"Ich habe Hunger, ich habe Durst"* versucht eine Indianerfrau mit ihrer Familie, die aus ihrem Land vertrieben wurde, in einer amerikanischen

Stadt Fuß zu fassen. In diesem sozialen Anpassungsprozess zeigt sich die Frau den Anforderungen, die das Stadtleben an sie stellt, nicht gewachsen. Sie verhält sich naiv, fällt auf Werbetricks herein und ist ein leichtes Opfer für die sozialen Machtstrategien der handelnden Personen. Die amerikanische Lebenswelt zeigt sich kalt und herzlos, was von der Autorin anscheinend bewusst so inszeniert wurde.

Das alte Klischeebild, dass ein Indianer aufgrund seiner Herkunft und traditionellen Lebensweise der wirtschaftlichen sozial berechnenden amerikanischen Lebenswelt nicht gewachsen ist, es sei denn, er gibt alles auf und passt sich blind an, noch heute in der amerikanischen Kultur als unerwünscht gilt und aufgrund dessen ausgegrenzt werden muss, findet in diesem Buch von Pausewang wieder seine völlige Entsprechung. Der Sozialisationsprozess der Indianerfrau mit ihrer Familie muss demzufolge aufgrund ihrer Defizite, die sie ihrer indianischen Lebenswelt zu verdanken hat, die nach dem Urteil der Autorin aber eigentlich die bessere humane Welt darstellt, unterbunden werden, was dazu führt, dass die Indianerfamilie in ihre eigene Lebenswelt zurückgeschickt wird. Der Roman bietet den jugendlichen Lesern ein trauriges Bild der amerikanischen Kultur, die unfähig ist, Angehörige fremder Kulturen, vor allem auf die Indianer bezogen, zu integrieren, und zwar aufgrund ihrer eigenen machtbesessenen kalten Unberechenbarkeit und Unmenschlichkeit.

Ein ebensolches altes traditionelles Klischee wird in einem anderen Roman von Pausewang *"Die Not der Familie Caldera"* aufgezeigt. In diesem Roman wird die amerikanische Gesellschaft durch den Einbezug von Europäern, die Mitleid und Hilfsbereitschaft gegenüber der Familie Caldera bezeugen, menschlicher gestaltet. Der Indianer Ramon zieht in die Stadt, um sein Glück zu suchen. Zuerst wendet sich alles zum Guten. Ramon findet Arbeit, lernt die elementaren Kulturtechniken Schreiben und Lesen und wird aufgrunddessen befördert. Er kann sich etablieren. Ramon heiratet und gründet eine Familie. Im Laufe der Zeit wird er Vater von drei Kindern. Der Sozialisationsprozess scheint gelungen. Durch einen Arbeitsunfall, bei dem die Hand Ramons verstümmelt wird, wird er arbeitslos und die Familie steigt sozial ab. Der Vater wird zum Dieb und Einbrecher, um seine Familie aus der Not zu retten. Die Absicht der Familie Rache gegen die reiche amerikanische Welt zu üben wird von der Autorin als die Ursache in den Einstieg in das Verbrecherleben betont. Als Ramon bei einem Einbruch erschossen wird, schwört der Sohn, ein besserer und erfolgreicherer Dieb als sein Vater zu werden. Der völlige soziale Abstieg der Familie scheint unausweichlich. Der soziale Weg nach unten durch die Arbeitslosigkeit des Vaters verursacht wird durch das Gelöbnis des Sohnes zu einer ausweglosen Einbahnstraße des nie enden- wollenden Verbrecherlebens. Es erscheint paradox, dass der Sohn, der über Kraft und einen gesunden Körper verfügt, sich keine andere Lösungsalternative stellt. Er zeigt sich gegenüber seiner Familie, für die er nun anstelle seines Vaters zu sorgen hat, sehr verantwortungslos. Die anfängliche eingeführte Positivität des Sozialisationsprozesses des Vaters in das Stadtleben wird im Laufe der Handlungen zu einem Werdegang, wie wird man Verbrecher?, pervertiert. Der Aspekt der Rache, der nur die negativen Verhaltensweisen in den Handlungsstrategien der Hauptpersonen aktiviert, wird durch den Mord an dem Vater verhärtet, der im Roman nicht den warnenden erhobenen pädagogischen Zeigefinger für den Sohn darstellt in dem Sinne, verhälst du dich genauso, wird es dir ähnlich oder schlimmer ergehen. Der Sohn sieht sich nur als Vollstrecker und Rächer für das zugefügte Unrecht an seinem Vater. Seine eigene soziale kulturelle Identität lässt er dabei außer acht. Er reagiert und handelt wie eine Marionette, unüberlegt, voller Hass und Rachsucht. Pausewang durchbricht mit dieser Erzähltechnik ein Tabu in der Jugendliteratur, indem sie eine schwarze Zukunft der Familie Caldera heraufbeschwört, die zudem noch bewusst von einer der Hauptpersonen so gewollt ist, und lässt das Schicksal offen.(69). Der Sohn hatte die Möglichkeit, seine Situation zu reflektieren, seine eigene Zukunft zu wählen und entscheidet sich für das Verbrechen. Der Charakter des Sohnes zeigt von Anfang an im Gegensatz zu seiner Schwester bereits innere Merkmale und Strukturen, die den Verbrecher in ihm nur verstärken und den Grund für seine Entscheidung bilden.

Aufgrund dieses Aspektes steht der Roman von Pausewang zwischen interkulturell ausgerichtetem Problemjugendbuch und psychologischen Jugendroman. So modern einerseits dieser Roman wirkt, so stereotyp ist andererseits das soziale Klischee, in das Pausewang ihre Handlung eingebettet hat und das von alten Vorurteilen durchsetzt ist, und so überholt sind auch die psychologischen Erkenntnisse, nach denen Pausewang die innere Entwicklung des Sohnes gezeichnet hat. Sein Verbrechersein wird als primitiver eindimensionaler Racheakt ohne tiefgehende innere Reflexion über die eigene Persönlichkeit dargestellt.

Das Buch "*Der weite Weg des Nataiyu*" von Käthe Recheis mit dem österreichischen Kinderbuchpreis ausgezeichnet steht in der Tradition der gesellschaftskritischen Kinderliteratur. Der Protagonist Nataiyu, ein Schwarzfußindianerjunge, erscheint als Vertreter einer Kultur, die massiv um das Überleben in der amerikanischen zivilisierten Welt kämpfen muss. Der Roman spielt in den letzten zwei Jahrzehnten des 19. Jahrhunderts. Damals versuchte man, das Indianerproblem dahingehend zu lösen, dass man die Indianer zu wertvollen amerikanischen Bürgern erziehen wollte. Nataiyu widersetzt sich erfolgreich dem Sozialisations- und Enkulturationsprozess und steht am Ende das Romans als unüberwindbarer Sieger seiner indianischen Kultur da. Fast alle Vertreter der amerikanischen Welt werden als unsensibel, herrschsüchtig, geldgierig, egoistisch, charakterlich schwach, grausam und nicht geeignet die indianische Welt zu verstehen gezeichnet. Ausnahmen bilden die Hilfslehrerin in der Missionsschule, die in ihrer Kindheit von den Indianern verschleppt wurde und dadurch gezwungen war, einige Jahre in dieser Lebenswelt zu verbringen, was ihr sehr positiv in Erinnerung geblieben ist, und die jüngere Tochter des Kolonels, die Nataiyu auf seiner Flucht begleitet, aber von ihm als nicht fähig ihn auf seinem gefahrvollen Weg zu begleiten zu Unrecht abgelehnt wird. Es wird nur eine Lichtgestalt präsentiert, die mit viel Verständnis ohne jedes Vorurteil und entsprechenden Schicksalswegen für die Indianer gezeichnet wird: der europäische schottische Arzt, der als einziger die reale Situation eines sehr erkrankten indianischen Jungen während seines Aufenthaltes in der Schule der Weißen einschätzt und ohne Erfolg darauf drängt, dem Indianer die Rückkehr in seine Lebenswelt zu gestatten. Die weißen Amerikaner, die Recheis in ihrem Roman vorstellt, gelten aus der Sicht der Indianer als unerwünscht in ihrem Land und werden von ihnen ausgegrenzt. Die Indianer erscheinen demzufolge ebenfalls als unfähig, die Weißen in ihrer Intention verstehen zu können. Es wird ferner vonseiten der Indianer kein Versuch unternommen, Weiße in ihre Kultur integrieren zu wollen, auch wenn dies zwei nicht - indianische Personen aus Interesse wagen würden: Die Hilfslehrerin, die gerne zu den Indianern zurückkehren will, obwohl ihre Eltern bei einem Überfall getötet wurden und sie anfangs gegen ihren Willen bei den Indianern festgehalten wurde, und die jüngere Tochter des Kolonels. Diese Front wird nur durch einen Halbblutindianer mütterlicherseits durchbrochen, der bei den Weißen aufgewachsen ist und merkwürdigerweise

keine Probleme aufgrund seiner Herkunft in der amerikanischen Gesellschaft hat, indem er in die Lebenswelt seiner Mutter zurückkehrt.
Der Roman stellt einen Appell an die Leser dar, für die indianische Welt Partei zu ergreifen und sich gegen Sozialisations- und Enkulturationsprozesse durch die Amerikaner auszusprechen. Die amerikanische Gesellschaft mit ihren kulturellen Ansprüchen wird in diesem Kontext äußerst hart, herzlos, grausam und verbrecherisch gezeichnet, die vor nichts zurückschreckt, um andere Kulturen in sich aufzusaugen, und die den Blick für reale Situationen fremder kultureller Lebenswelten verloren hat. Die Differenz zwischen der indianischen und amerikanischen Lebenswelt wird als unüberwindbar dargestellt, was dem damaligen Zeitgeist durchaus entsprach, aber dem heutigen Verständnishorizont nicht .mehr so ganz gerecht wird. In Südamerika leben Indianer und Amerikaner Tür an Tür, in Nordamerika existieren nachwievor Reservate für die Indianer. Gerade Nordamerika hat im Gegensatz zu Südamerika die Problematik mit der indianischen Kultur noch nicht gelöst hat.
Eine Lösung, die diese Differenz, die in USA und Kanada noch vorherrscht, zu überbrücken vermag, findet sich bei den Werken von Recheis ausschließlich bei europäischen Vertretern, was aber nicht bedeuten muss, dass dies den Eurozentrismus fördern soll. Da diese Werke primär an die europäische Lesewelt gerichtet sind, kann es auch ein literarischer Trick sein, die eigene Kultur der Lesenden positiv zu zeichnen, um positive Elemente innerhalb der Heimatkultur im Umgang mit fremden Kulturen zu verstärken.

Es stellt sich nun die Frage, ob eine Literatur, die derart soziologisch ausgerichtet ist, und an alte Klischeebilder anknüpft, die leider auch noch den modernen Umgang der Kulturen untereinander bestimmen, Interkulturalität positiv fördern kann? Müssen nicht neue soziale Schemata, die diese alten Klischeebilder durchbrechen, in der Literatur entwickelt werden, aber auf einer Ebene, die der jungen Lesewelt zugänglicher ist, und dadurch zukunftsweisender wirkt?

Dies ist ein Anspruch, dem bis heute in der Literatur noch nicht entsprochen wurde, obwohl erstaunlicherweise festzustellen ist, dass immer wieder Themenkreise aus der soziologischen wissenschaftlichen Diskussion gewählt werden, die doch dem aktuellen wissenschaftlichen Erkenntnisstand angepasst sind. Den Lesern der soziologisch interkulturell ausgerichteten Literatur werden die meisten Möglichkeiten des sozialen Lernens auf allen Ebenen innerhalb von Sozialisation und Enkulturation eingeräumt, indem dargelegt wird, wie die soziale Kommunikation mit Angehörigen fremder Kulturen erfolgen und wie die Differenz zwischen den Kulturen überwunden werden kann, und zwar nach den neuesten und aktuellsten Erkenntnissen.

V. Schlussreflexion

In diesem Abschnitt werden die wichtigsten Ergebnisse dieser Arbeit im Vergleich mit der These von Weinkauff zusammengefasst. Im Anschluss daran wird der Blick auf ein wichtiges Aufgabenfeld der Interkulturalität gerichtet, das bisher in der Forschung kaum Beachtung gefunden hat und das Fundament für die anderen Aufgaben innerhalb des interkulturellen Dialogs bildet.

Weinkauff propagiert im Handbuch der Kinder- und Jugendliteratur von Lange, dass der traditionelle Aufgabenbereich, der den interkulturellen Dialog betrifft, die Vermittlung kulturspezifischen Wissens und Erzeugung von Fremdbildern, heutzutage fast vollständig auf andere Medien wie TV, Zeitschriften und bildjournalistischen Sachbüchern übertragen wird. Sie schreibt:

"Die Vermittlung kulturspezifischen Wissens und die Verbreitung von Fremdbildern (Hetero-Imagines), das Leben anderer Völker betreffend, gehört zu den traditionellen Aufgabenbereichen insbesondere der Jugendliteratur i.e.S. Noch bis in die Mitte der 1960er Jahre hinein besaßen die entsprechenden Genres - Abenteuerbuch, Reise- und Expeditionserzählung, Historische Erzählung - eine qualitativ und quantitativ kaum zu überschätzende Bedeutung.
Diese Genres sind sämtlich allgemeinliterarischen Ursprungs, wobei die Scheidelinie zwischen altersspezifisch adressierten und anderen Texten nur schwach markiert ist, und mit Ausnahme des Abenteuerbuchs sind sie zudem in einem Grenzbereich zwischen Belletristik und Sachliteratur angesiedelt. Als außerliterarische Herkunftsdiskurse fungieren wissenschaftliche Disziplinen wie Ethnologie, Geschichtswissenschaften und Archäologie, Geographie, Zoologie und Botanik, sowie deren Didaktiken........Im Laufe der Medienentwicklung wird diese Vermittlungs- und Bildungsfunktion in der erzählenden Jugendliteratur nahezu vollständig vom Fernsehen, von illustrierten Zeitschriften wie "Stern" oder "Geo" und einer neuen bildjournalistisch geprägten Generation von Sachbüchern übernommen."
(zit. nach Weinkauff Gina; Multikulturalität, S. 767)

Wenn man diese Feststellungen liest, fragt man sich, wie Weinkauff zu solch einer Überzeugung gelangt. Die Thesen von ihr treffen doch nur dann zu, wenn man einen sehr kleinen Ausschnitt des Bedeutungsspektrums von Interkulturalität in der Literatur zugrunde legt, wie es z.B. auch bei Rösch oder Luchtenberg der Fall ist. Dass ein so eng gefasster beliebig gewählter Begriff wissenschaftlich unrentabel ist, haben die Ausführungen in dieser Arbeit und neuere Forschungsergebnisse bewiesen. Aufgrund dessen werden die Thesen von Weinkauff nachfolgend anhand der Ergebnisse dieser Arbeit korrigiert und auch ergänzt.

Erstens: Der Begriff Interkulturalität muss weit und ganzheitlich aufgefasst werden. Er muss die historische wie auch die aktuelle Perspektive erfassen. Er kann nicht beliebig und subjektiv eingesetzt werden, da Interkulturalität überall dort auftrat und auftritt, wo mindestens zwei Kulturen miteinander in Interaktion traten und treten.

Zweitens. Es lässt sich eine entgegengesetzte Entwicklung in der Kinder- und Jugendliteratur feststellen, was die Medienlandschaft betrifft. Die traditionellen Aufgabenbereiche der Kinder- und Jugendliteratur werden keineswegs von anderen Medien aufgesaugt, sondern erweitern sich. Als außerliterarische Herkunftsdiskurse fungieren zwischenzeitlich mehr wissenschaftliche Disziplinen als früher. Die Themenwahl in der interkulturellen Literatur orientiert sich dabei an den historischen und aktuellen Problem- und Aufgabenfeldern dieser einbezogenen Wissenschaften, wie es in Abschnitt IV dargelegt wurde, während Themen allgemeinliterarischen Ursprungs kaum vertreten sind. Die Möglichkeiten Interkulturalität in der Kinder- und Jugendliteratur zu thematisieren haben sich mit dem Maß des Einbezugs an wissenschaftlichen Disziplinen multipliziert. Das Niveau hat sich dementsprechend erhöht und es besteht die Gefahr, besonders für die jungen Leser, aufgrund der dargestellten Problematik den kindlichen Leser zu überfordern.

Drittens: Auch die traditionellen Gattungen wie Abenteuerbuch, Reisebeschreibung und historischer Roman haben an ihrem Wert und ihrer Bedeutung nichts eingebüßt, wie es im Abschnitt IV dargelegt wurde.

Viertens: Der Bildungs-, Werte- und Zielkanon, der der interkulturellen Literatur heute zugrunde gelegt wird, hat sich zu den früher bestehenden Ansprüchen erweitert, verfeinert und gewandelt, wie es in Abschnitt I thematisiert wurde. Er legt dem interkulturellen Dialog in der Literatur Grenzen auf, die notwendig sind, um den Erhalt des Weltfriedens zu sichern und den Dialog auf ethisch vertretbarer Basis zu ermöglichen.

Fünftens: Weinkauff schreibt, dass es früher primär um die Vermittlung kulturspezifischen Wissens und der Verbreitung von Fremdbildern ging, die das Leben anderer Völker betrafen. Man kümmerte sich dabei kaum darum, ob dies der Wahrheit entsprach. Heute ist der Autor aufgefordert methodisch kulturell korrekt zu arbeiten. Der methodische Wert an Wahrheitsanspruch, Widerspruchsfreiheit und Plausibilität von Aussagen über die Lebenswelt fremder Kulturen und an korrekt dargestellten Zusammenhängen in der zwischenkulturellen Kommunikation, auf den die interkulturell ausgerichtete Literatur zweifellos den Anspruch hat, muss von Autor anerkannt werden. Die Grundformen des fremden Seins in einer anderen Kultur müssen vom Leser als nachvollziehbar in der literarischen Darstellung bewertet werden. Der Leser hat folglich die Möglichkeit, an der dargestellten fremden Kultur sein eigenes Denken über diese zu prüfen, in der interkulturellen Kommunikation die eigene und fremde kulturelle Eigenständigkeit zu erkennen, indem die Wahrnehmung des Lesers durch die Sichtweise des Autors gelenkt wird. Der eigene Blick des Leser auf die Kulturen in Kombination mit dem Urteil des Autors wird zur Basis des Verstehens des interkulturellen Vergleichs, wobei das Denken und Urteilen des Lesers wie des Autors keine Allgemeingültigkeit besitzen. Dieser Grenzbereich, in dem die interkulturelle Literatur angesiedelt ist, nämlich zwischen der Subjektivität des Autors und dem Anspruch an objektiver wahrheitsgemäßer Darstellung fremder Lebenswelten, lässt leider kontinuierlich die Möglichkeit offen, Darstellungen über andere Kulturen zu subjektiv werden zu lassen.

Gerade dieser Zusammenhang zwischen dem subjektiven Empfinden des Autors und der Forderung nach Objektivität in der Darstellung fremder Lebenswelten weist auf ein wichtiges Aufgabenfeld der Interkulturalität hin, was bisher in der Forschung wenig Beachtung gefunden hat und dem interkulturellen Dialog kontinuierlich zugrunde liegt. Dies betrifft nicht nur die Literatur, sondern die gesamte Medienlandschaft wie auch die internationale Kommunikation in der Völkerverständigung.

Der interkulturelle Dialog erfüllt einer der wichtigsten sozialen Aufgaben im menschlichen Zusammenleben, indem er auf der Basis der Fähigkeit des bifokalen Denkens den Menschen die Chance einräumt, eine Balance zwischen eigener kultureller Zugehörigkeit und dem Sich- Öffnen- Können für die Auseinandersetzung mit fremden Kulturen zu finden, ohne die eigene kulturelle Identität aufgeben und die bestehende Kulturvielfalt leugnen zu müssen.

Diese Dialektik zwischen kultureller lokaler eigener Existenz und der globalen Kulturvielfalt ist notwendig, wenn das Individuum seine kulturelle Identität behalten und Verantwortlichkeit im Dialog mit fremden Lebenswelten lernen soll, ohne der Versuchung der Euro- oder Ethnozentrik zu erliegen. Denn nur aus dem Erkennen heraus, dass jedes Individuum letztendlich Ausdruck einer Kultur ist, die kulturelle Identität die Basis eines jeden Lebens in der politischen und gesellschaftlichen Öffentlichkeit darstellt, jede Kultur nur ein Teilausschnitt der globalen Welt präsentiert und sämtliche Kulturen zusammengesehen die ganze Welt bedeuten, ist es möglich, sich der Kommunikation und den Interaktionen zwischen sich selbst und den Kulturen in friedvoller Absicht und Weise zu öffnen, um sich im Akt der Balance als verantwortliches Mitglied dieser Welt zu fühlen. Die Weichenstellung für diesen Akt der Balance beginnt bereits in der Kindheit und sämtliche Medien sollten in ihrem Beitrag zur Sicherung des Weltfriedens stets bewusst beleuchtet werden, indem man konsequent ihre Themen, ihre psychologische Tiefenwirkung und ihren pädagogischen Auftrag kritisch reflektiert .

"Denn nur aus dem Erlebnis oder der Erkenntnis, daß wir nicht nur Teile eines Ganzen sind, sondern daß jedes Individuum das Ganze zur Basis hat und ein bewußter Ausdruck des Ganzen ist, erwachen wir zur Wirklichkeit, zur Erlösung, während das unerlöste Individuum, einem Träumenden vergleichbar sich immer tiefer in das Netz seiner Wahn-Vorstellungen verstrickt."

(aus "Grundlagen tibetischer Mystik" von Lama Govinda Anagarika, S.86)

Endnoten

1. Vgl. Ploetz, Weltgeschichte, S.23 - 105
In diesen Kapiteln werden die Entwicklungsabläufe der großen Kulturen der Vorzeit und Antike beschrieben, ihre kulturelle Vermischung und teilweise auch ihren Untergang.

2. Vgl. Ders. : S. 71

3. Vgl. Hobsbawm, Eric : Nation , S. 7 ff

4. Vgl. Nyssen, Elke : Perspektiven , S. 199 - 227

5. Vgl. Ders. : S. 210

6. Vgl. Ders. : S. 212

7. Vgl. Zacharias, Wolfgang . Kulturpädagogik , S. 207 - 219

8. Vgl. Ders. . S. 19

9. Vgl. Ders. : S. 13 - 21

10. Vgl. PISA 2000 : S. 56

11. Vgl. Schön, Erich : Entwicklung des Lesens , S. 132 - 136

12. Vgl. Fährmann, Willi : Über die Kunst , S. 298 - 305

13. Vgl. Ders. : S. 298 ff

14. Vgl. Ders. . S. 299 - 301

15. Vgl. Ders. : S. 301 ff

16. Vgl. Ders. : S. 302

17. Vgl. Ders. : S. 302 ff

18. Vgl. Ders. : S. 303

19. Vgl. Ders. . S. 303 ff

20. Vgl. Ders. : S. 304

21. Vgl. Ders. : S. 304 ff

22. Vgl. Ders. : S. 305

23. Vgl. PISA 2000 : S. 56 ff

24. Vgl. Huntington, Samuel P. : Kampf der Kulturen , S. 291 - 495
In diesen Kapiteln von Huntington werden die Konflikte zwischen den Kulturen thematisiert und erklärt.

25. Vgl. Heinzle, Joachim : Die Heiden , S. 301 - 308

26. Vgl. Fludernik, Monika : Der Alteritätsdiskurs , S. 9 -11

27. Vgl. Rang, Martin : Jean Jacques Rousseau , S. 121 - 127

28. Vgl. Goetsch, Paul : Das Kind , S. 229 - 232

29. Vgl. Herrmann, Ulrich : Joachim Heinrich Campe , S. 146 ff

30. Vgl. Rösch, Heidi : Entschlüsselungsversuche , S. 14

31. Vgl. Hölder, Anneliese . Das Abenteuerbuch , S. 123

32. Vgl. Mauer, Kuno . Das neue Indianerlexikon , S. 289

33. Vgl. Brunken, Otto : Der rote Edelmensch, S. 293 - 309

34. Vgl. Maier, Ernst Karl . Jugendschrifttum , S. 181

35. Vgl. Ders. : S. 181 - 188

36. Vgl. Rösch, Heidi : Entschlüsselungsversuche , S. 30 ff

37. Vgl. Ulrich, Anna Katharina : Kinderliteratur , S. 52 - 65
Es wird eine kurze Zusammenfassung der Aussagen Ulrichs vorgestellt..

38. Vgl. Ders. : S. 59

39. Vgl. Hurrelmann, Bettina : Das Fremde , S. 5

40. Vgl. Rösch, Heidi : Entschlüsselungsversuche , S. 44

41. Vgl. Ders. . S. 44 - 48

42. Vgl. Haas, Gerhard : Eigene Welt , S. 214

43. Vgl. Ders. : S. 216 ff

44. Vgl. Weber, Erich : Grundbegriffe , S. 37 ff

45. Vgl. Ders. : S. 18

46. Vgl. Ders. : S. 38

47. Vgl. Ders. : S. 38

48. Vgl. Ewert, Otto : Entwicklungspsychologie , S. 20 - 46
In diesem Kapitel von Ewert werden Entwicklungstheorien der Jugend aufgeführt, die auf der Kulturstufentheorie beruhen und als Katastrophentheorien bezeichnet werden. .

49. Vgl. Plischke, Hans : Von Cooper bis Karl May , S. 68 - 78

50. Vgl. Ders. : S. 192 - 196

51. Vgl. Gerndt, Helge : Kulturwissenschaft , S. 191 -194

52. Vgl. Ders. . S. 196 - 198

53. Vgl. Nohlen, Dieter : Lexikon , S. 486 ff

54. Vgl. Ders. : S. 487 ff

55. Vgl. Ders. : S. 469 ff

56. Vgl. Huntington, Samuel P. : Kampf der Kulturen , S. 17 - 75
In diesem Abschnitt von Huntington werden die einzelnen Kulturkreise ausführlich vorgestellt. In der Arbeit werden nur die wesentlichen Kennzeichen genannt.

57. Vgl. Ders. . S. 18

58. Vgl. Stammen, Theo : Grundwissen , S. 265

59. Vgl. Rösch, Heidi : Entschlüsselungsversuche , S. 173 - 205
In der Arbeit wird nur die Kernaussage dieser Passage von Rösch formuliert.

60. Vgl. Haas, Gerhard : Fremde Welt , S. 209 -223

61. Vgl. Nohlen, Dieter : Lexikon , S. 458

62. Vgl. Ders. : S. 458

63 . Vgl. Ders. : S. 459

64. Vgl. Ders. : S. 459

65. Vgl. Stammen, Theo : Grundwissen , S. 274 ff

66. Vgl. Ders. . S. 284

67. Vgl. Ders. : 278 ff

68. Vgl. Nohlen, Dieter : Lexikon , S. 520 - 528

69. Vgl. Rösch, Heidi : Entschlüsselungsversuche , S. 174 - 177

Liste der genannten Kinder -, Jugend – und Erwachsenenliteratur

Bartos - Höppner, Barbara . Kosaken gegen Kutschum - Khan, Stuttgart, 1977
ebd. . Sturm über Kaukasus , Stuttgart, 1963

Baumann, Hans : Gold und Götter in Peru , Gütersloh, 1963
ebd. : Steppensöhne, Reutlingen, 1964

Burger, Horst : Die Friedenspfeife ist zerbrochen, Hamburg, 1975

Campe, Johann Heinrich : Robinson, der Jüngere, Nachdruck, Berlin, 1991

Cooper, James Fenimore : Lederstrunpfgeschichten, Berlin, 1922

Defoe, Daniel : Robinson Crusoe, Nachdruck, Dortmund, 1984

Habeck, Fritz : Der Kampf um die Barbacane, Wien, 1960

Homer .Odysse, bearbeitet von E. R. Weiß, Frankfurt, 1952

May, Karl : Winnetou-Trilogie, enthalten in Gesamtausgabe, Zürich, 1996

Pausewang, Gudrun : Die Not der Familie Caldera, Ravensburg, 1987
ebd. . Ich habe Hunger, ich habe Durst, Ravensburg, 1984

Pfaffe Konrad : Das Rolandslied, hg. von Schweikle Günther, Essen, 1980

Recheis, Käthe : Auch das Gras hat ein Lied, Wien, 1984
ebd. : Kleiner Adler und Siebenstern , München, 1993,
ebd. : Die Hunde Wakondas, München, 1977
ebd. : Der weite Weg des Natayiu, Wien, 1992
ebd. : Freundschaft mit der Erde, Wien, 1984
ebd : Kinder der Prärie; Wien, 1992
ebd : Kleine Maisblüte, München, 1999

ebd. : Sinupah und das Pony, Ravensburg, 1972
ebd. : Tiki und die kleine Ziege, Wien, 1962
ebd. . Weißt du, daß die Bäume reden, München, 1995

Roeder - Gnadeberg, Käthe v. . Andschana, Stuttgart, 1952

Rousseau, Jean Jacques : Emile, Nachdruck, Leipzig, 1980

Spyri, Johanna : Heidi, Berlin, 1953

Steuben, Fritz (d.i. E. Wittek) : Tecumseh, Frankfurt, 1935

Tacitus : Germania, hg. Dr. Eugen Fehrle, Heidelberg, 1969

Tonderm, Harald . Der Einsatz. Stell dir vor, es ist Krieg und du musst hin, München, 1996

Wolfram von Eschenbach . Parzival Bd.1 und Bd.2 , Stuttgart, 2001
ebd. : Willehalm, bearb. von Dieter Kartosche, Berlin , 1989

Benutzte Forschungsliteratur

Baumert, Jürgen (hg) : PISA 2000 - Die Länder der Bundesrepublik Deutschland im Vergleich, Opladen, 2002

Hobsbawm, Eric J.: Nationen und Nationalismus. Mythos und Realität seit 1780, Frankfurt, 1998

Brunken, Otto: Der rote Edelmansch Winnetou; in: Hurrelmann Bettina (hg) Klassiker der Kinder- und Jugendliteratur, Frankfurt, 1995, S. 293 - 319

Cromme, Gabriele (hg) : Kinder- und Jugendliteratur. Lesen - Verstehen - Vermitteln, (Festschrift für Wilhelm Steffens), Hohengehren, 2001

Dtv-Atlas Weltgeschichte. Von den Anfängen bis zur Gegenwart, München, 2000

Ewert, Otto : Entwicklungspsychologie des Jugendalters, Stuttgart, 1983

Fährmann, Willi : Über die Kunst, Kindern und Jugendlichen (auch wenn es sein muss, sich selbst) das Lesen zur Freude zu machen, in .
Cromme Gabriele (hg), Kinder- und Jugendliteratur .Lesen - Verstehen - Vermitteln, Hohengehren, 2001, S. 298 -306

Fludernik, Monika u. a. : Der Alteritätsdikurs des Edlen Wilden.Exotismus, Anthropologie und Zivilisationskritik am Beispiel eines europäischen Topos, Würzburg, 2002

Fuchs, Werner (hg) : Lexikon zur Soziologie, Opladen, 1978, 3. Auflage

Gerndt, Helge : Kulturwissenschaft im Zeitalter der Globalisierung. Volkskundliche Markierungen, München, 2002

Goetsch, Paul : Das Kind als edler Wilder, in : Fludernik Monika u.a., Der Alteritätsdiskurs des Edlen Wilden. Exotismus, Anthropolgie und Zivilisationskritik am Beispiel eines europäischen Topos, Würzburg, 2002, S. 229 - 331

Govinda, Lama Anagarika: Grundlagen tibetischer Mystik, München, 1985

Haas, Gerhard: Eigene Welt - Fremde Welt - Eine Welt: Die Geschichte eines Bewusstseinswandels in der neueren Kinder- und Jugendliteratur, in: Hurrelmann Bettina (hg), Das Fremde in der Kinder- und Jugendliteratur, München, 1998, S. 209 - 223

Hagenbüchle, Roland. Von der Multi- Kulturalität zur Inter- Kulturalität, Würzburg, 2002

Hartfiel, Günter : Wörterbuch der Soziologie, Stuttgart, 1982, 3. Auflage

Heinzle, Joachim: Die Heiden als Kinder Gottes, in: ZfdA 123, 1994, S. 301 - 308

Herrmann, Ulrich: Joachim Heinrich Campe (1746 - 1818) , in: Scheuerl Hans, Klassiker der Pädagogik, München, 1991, S. 146 - 151

Hölder, Anneliese: Das Abenteuerbuch im Spiegel der männlichen Reifezeit. Die Entwicklung des literarischen Interesses beim männlichen Jugendlichen, Ratingen, 1967

Huntington, Samuel P.: Kampf der Kulturen. Die Neugestaltung der Weltpolitik im 20. Jahrhundert, München, 2002

Hurrelmann, Bettina (hg) . Das Fremde in der Kinder- und Jugendliteratur. Interkulturelle Perspektiven, München, 1998

Hurrelmann, Bettina (hg).: Klassiker der Kinder- und Jugendliteratur, Frankfurt, 1995

Kaufmann Stefan und Hasliger, Peter: Einleitung. Der Edle Wilde - Wendungen eines Topos, in : Fludernik Monika u.a. Der Alteritätsdiskurs des Edlen Wilden. Exotismus, Anthropologie und Zivilisationskritik am Beispiel eines europäischen Topos, Würzburg, 2002, S. 13 - 33

Lange, Günter (hg) : Taschenbuch der Kinder- und Jugendliteratur, Bd.2, Hohengehren, 2000

Luchtenberg, Sigrid : Interkulturelle Kinder- und Jugendliteratur. Welche Rolle spielt die Mehrsprachigkeit?, in : Steitz- Kallenbach Jörg (hg), Kinder- und Jugendliteraturforschung interdisziplinär, Bibliotheks- und Informationssystem, Universität Oldenburg, 2001, S. 59 - 85

Maier, Karl Ernst: Jugendschrifttum. Formen - Inhalte - pädagogische Bedeutung, Regensburg, 1971

Mauer, Kuno: Das neue Indianerlexikon. Macht und Größe der Indianer bis zu ihrem Untergang, München, 2002

Nohlen, Dieter (hg) : Lexikon der Politikwissenschaft, Bd.1, Theorien, Methoden, Begriffe, München, 2002

Nyssen, Elke: Perspektiven für pädagogisches Handeln. Eine Einführung in Erziehungswissenschaft und Schulpädagogik, München, 1995

Plischke, Hans : Von Cooper bis Karl May. Eine Geschichte des völkerkundlichen Reise- und Abenteuerromans, Düsseldorf, 1951

Rang, Martin: Jean Jacques Rousseau (1712 - 1772) , in: Scheuerl Hans, Klassiker der Pädagogik, München, 1991, S. 118 - 135

Renner, Erich (hg) : Kinderwelten. Pädagogische, ethnologische und literaturwissenschaftliche Annäherungen, Würzburg, 1995

Rösch, Heidi: Entschlüsselungsversuche. Kinder- und Jugendliteratur und ihre Didaktik im globalen Diskurs, Hohengehren, 2000

Scheuerl, Hans (hg) . Klassiker der Pädagogik I. Von Erasmus von Rotterdam bis Herbert Spencer, München, 1991

Schön, Erich: Entwicklung des Lesens - Zukunft des Lesens , in: Balhorn Heike (hg) , Sprachen werden Schrift, Mündlichkeit - Schriftlichkeit - Mehrsprachigkeit, Hamburg, 1996, S. 132 - 137

Stammen, Theo u.a. : Grundwissen Politik, Bonn, 1991

Steitz- Kallenbach, Jörg (hg) :Kinder- und Jugendliteraturforschung interdisziplinär, Bibliotheks- und Informationssystem, Universität Oldenburg, 2001

Ulrich, Anna Katharina: Wie kann die Kinderliteraturforschung zu einer Anthropologie der Kindheit beitragen? , in: Renner Erich, Kinderwelten, Würzburg, 1995, S. 52 - 65

Weber, Erich : Pädagogik. Eine Einführung.Bd.1 ,Grundfragen und Grundbegriffe, Donauwörth, 1977

Weinkauff, Gina : Multikulturalität als Thema in der Kinder- und Jugendliteratur, in :Lange Günter (hg), Taschenbuch der Kinder- und Jugendliteratur, Bd.2, Hohengehren, 2000, S. 766 - 783

Zacharias, Wolfgang: Kulturpädagogik. Kulturelle Jugendbildung. Eine Einführung , Opladen, 2001

www.ingramcontent.com/pod-product-compliance
Lightning Source LLC
Chambersburg PA
CBHW020111020526
44112CB00033B/1173